Zu diesem Buch   Wie sollen wir mit unserem Kind umgehen, daß es seine Neugier und Unbefangenheit behält und ein ganzer, gesunder, starker, intelligenter und emotional stabiler, ein einfühlsamer, selbstbewußter und verantwortlicher Mensch wird? Diese Frage bewegt die meisten Eltern.

Die Erfahrung vieler Menschen in diesem Jahrhundert hat gezeigt, daß zu diesem Ziel die Wege führen, welche die große italienische Ärztin und Pädagogin, Maria Montessori, entdeckt und für uns geebnet hat.

Ihre Entdeckungen und Erfindungen – ihre Gedanken und ihr Material – geben den Kindern das Werkzeug in die Hand, ihre Persönlichkeit zu erschaffen. Das gilt für die Einrichtungen, Kindergärten, Kinderhäuser und Schulen, die nach den Vorstellungen von Maria Montessori eine «vorbereitete Umgebung» sind.

Was für eine Frau war Maria Montessori, daß sie hundert Jahre nach ihrer Promotion als erste Ärztin Italiens im Interesse von Pädagogen der ganzen Welt steht? Was hat sie entdeckt? Was hat sie erfunden? Was ist eigentlich diese Montessori-Methode? Was geschieht in diesen Kinderhäusern, die nach den Ideen der Maria Montessori geführt werden?

Dieses Buch geht dem Leben dieser Ausnahmefrau nach, stellt ihre Entdeckungen über das Lernen der Kinder und ihre Prinzipien für den Umgang mit den Kindern dar und zeigt auch: Die wichtigen Erkenntnisse der Maria Montessori waren ihrer Zeit so weit voraus, daß sie von der psychologischen und pädagogischen Wissenschaft erst heute richtig verstanden und begründet werden können.

Anregungen und Kritik bitte an folgende Adresse: Büro für wissenschaftliche Publizistik Dr. Horst Speichert, Teutonenstr. 32 b, 65187 Wiesbaden, Fax-Nr. 0611-810 774

Hier erhalten Sie auch gegen Voreinsendung eines frankierten DIN-C 6-Umschlags einen Prospekt der Reihe «Mit Kindern leben».

Helga Biebricher / Horst Speichert

Montessori für Eltern

Die Materialien, die Methode
Für Kinder von zwei bis sechs

Rowohlt

Herausgegeben von Bernhard Schön
und Horst Speichert

Die Autoren danken der AMI sowie der Fa. Nienhuis
für ihre großzügige Unterstützung.

Originalausgabe
Veröffentlicht im Rowohlt Taschenbuch Verlag GmbH,
Reinbek bei Hamburg, Februar 1999
Copyright © 1999 by Rowohlt Taschenbuch
Verlag GmbH, Reinbek bei Hamburg
Alle Rechte vorbehalten
Umschlaggestaltung: Peter Wippermann/Jürgen Kaffer, Büro Hamburg
Fotos: Rudi Otto, Wiesbaden (fast alle) sowie AMI (Association Montessori
Internationale) Amsterdam (S. 9, 28, 52 und 56) und Nienhuis (S. 15)
Satz: Minion und Syntax PostScript; PageOne
Gesamtherstellung Clausen & Bosse, Leck
Printed in Germany
ISBN 3 499 60581 3

Inhalt

*Die Italiener ehren die große
Ärztin und Pädagogin
und haben sie täglich in den
Händen: Maria Montessori auf
dem 1000-Lire-Schein*

*Maria Montessori bei der Arbeit mit Kindern.
Diese Aufnahme aus dem Jahre 1930 hat Rarität-
encharakter. Zu dieser Zeit ist die inzwischen
berühmte Pädagogin vor allem in der Welt unterwegs, um ihre Ideen in zahllosen Vorträgen zu
verbreiten.*

Liebe Eltern!

Sie überlegen, Ihr Kind in eine Montessori-Einrichtung – einen Kindergarten, eine Kindertagesstätte oder eine Schule – zu geben.

Und Sie wollen wissen: «Was ist eigentlich diese Montessori-Methode? Was geschieht in diesen Kinderhäusern?»

Oder Ihr Kind geht schon in eine solche Einrichtung. Und Sie wollen verstehen, was dort geschieht.

Oder Sie interessieren sich einfach nur für einen zeitgemäßen, modernen Umgang mit Kindern, der es dem Kind ermöglicht, ein ganzer, gesunder, starker, intelligenter und emotional stabiler, ein einfühlsamer, aber auch selbstbewußter und verantwortlicher Mensch zu werden.

Da sind Sie bei Maria Montessori richtig.

Wir erzählen in diesem Buch nicht nur aus ihrem Leben, wir stellen nicht nur ihre Entdeckungen über das Lernen der Kinder und ihre Prinzipien für den Umgang mit den Kindern dar, sondern wir zeigen auch: Die wichtigen Erkenntnisse der Maria Montessori waren ihrer Zeit so weit voraus, daß sie von der psychologischen und pädagogischen Wissenschaft erst heute richtig verstanden und begründet werden kann.

Wir hoffen, Ihnen mit diesem Buch ein besseres Verständnis nicht nur der Maria Montessori zu vermitteln, sondern vor allem ein besseres Verständnis für Ihr Kind oder Ihre Kinder und auch für das Kind «in Ihnen», das Sie einmal waren und das in Ihnen auch heute noch fortlebt.

Wenn Sie dieserart Ihr Kind und seinen Forscherdrang klarer und deutlicher verstehen, wird es Ihnen leichter fallen, sowohl sein manchmal merkwürdiges (und darum vielleicht auch nervendes) Verhalten zu akzeptieren als auch ihm da, wo es notwendig ist, klare Grenzen zu setzen.

Es gibt eine begeisterte Montessori-Anhängerin, Elisabeth G. **11**

Hainstock, die Eltern nahelegt, in ihrer Wohnung eine Schulstube à la Maria Montessori einzurichten, und ihnen dafür – sie hat es selbst getan – ausführliche Ratschläge erteilt. Sie meint: «Die Stunden des gemeinsamen Lernens, in denen wir unser Kind nach der Methode Maria Montessoris zu Hause selbst unterrichten, können zu einem aufregenden, uns immer wieder fordernden Erlebnis werden. Sie geben uns die Möglichkeit zu beobachten, welche Fortschritte das Kind beim Lernen macht und wie es zu einem verantwortungsbewußten, denkenden Menschen heranwächst.» (Hainstock, S. 7)

Lassen Sie uns gleich betonen, daß wir Ihnen ein solches Vorgehen *nicht* empfehlen wollen.

Sie werden nach der Lektüre unseres Buches verstehen, warum es einen «Unterricht» im landläufigen Verständnis nach der Methode Maria Montessori nicht gibt und gar nicht geben kann.[*]

Unsere Empfehlung, die Sache gelassener anzugehen, hat auch noch einen einfacheren Grund. Zu Maria Montessoris System gehören u. a. *Übungen des täglichen Lebens* (auch *Übungen des praktischen Lebens* genannt). Es geht dabei um Fertigkeiten, die wie zu Zeiten Maria Montessoris auch heute noch in so mancher Familie zu kurz kommen, entweder weil die Eltern selber ein bißchen ungeschickt oder häufig in Hektik sind und keine Zeit haben.

Hektik und keine Zeit haben: Wer kennt das nicht? Wem ginge es nicht gelegentlich oder auch häufiger so?

Damit die Kinder sich diese zu kurz gekommenen Fertigkeiten in der Montessorischule selber aneignen können, hat die große Pädagogin eine Reihe von Materialien entwickelt.

Wozu dienen diese Materialien für die *Übungen des täglichen Lebens?*

Zum Schnürsenkel-Einziehen und Schuhschleifen-Binden – dafür gibt es einen Schnürrahmen. Es gibt auch Schubladen zum Leise-Öffnen-und-Schließen, es geht um das Tragen eines Stuhles, das Falten einer Serviette, ums Tischdecken und Geschirrspülen, ums Händewaschen und Tischabwischen, Fußbodenfegen, Silber- oder Schuheputzen usw.

---

[*] Lesen Sie dazu insbesondere folgende Abschnitte: 1. «Die Kinder und das Montessori-Material. Oder: Die Frage der Freiheit» (S. 94), 2. «Das Geheimnis des Montessori-Materials» (S. 106), 3. «Die vorbereitete Umgebung» (S. 49), 4. «Die Lehrerpersönlichkeit» (S. 52).

Um den Kindern zu zeigen, wie so etwas geht, braucht man kein eigens dafür eingerichtetes Montessori-Zimmer in der häuslichen Wohnung. Aber es bedarf einer Bewußtseins- und Verhaltensänderung der Eltern.

Eine solche Bewußtseins- und Verhaltensänderung der Eltern aber ist ein schwieriger und langwieriger Prozeß. Wer versucht, sich eine solche Bewußtseins- und Verhaltensänderung von heute auf morgen zu verordnen, scheitert in den meisten Fällen gründlich.

Und das ist nicht nur für ihn selbst ein schmerzlicher Prozeß, sondern bekommt auch seinen Kindern schlecht.

Wenn *Geduld* eine der wichtigsten Tugenden im Zusammenleben der Menschen, der Eltern untereinander und der Eltern mit den Kindern ist, dann muß das Erlernen dieser Tugend bei uns anfangen. Nur wenn wir nach und nach unsere eigene Ungeduld mit uns selber wahrnehmen und akzeptieren und nach und nach in Geduld umwandeln können, wird es uns nachhaltig gelingen, Geduld mit unseren Kindern, dem Ehepartner und den anderen Mitmenschen aufzubringen.

Das ist nicht leicht, gelten doch Ende der 90er Jahre Hektik und Geschwindigkeit bei vielen Menschen immer noch als Ausweis von Tüchtigkeit und Dynamik und sind mindestens «erfolgsverdächtig», wenn nicht schon der Erfolg selber.

Wie gesagt, um den Kindern zu Hause nahezubringen, was in der Montessori-Schule die *Übungen des täglichen Lebens* erreichen sollen, sind Ruhe, Gelassenheit und Geduld – Zeit für die Kinder – wesentlich wichtiger als die Einrichtung eines Montessori-Schulzimmers.

Wer dennoch auf den Pfaden von Frau Hainstock wandeln möchte, sei eindringlich gewarnt. Leicht tappt man auf diesem Weg in die *Pädagogikfalle*.

Ein (fiktives, aber sehr nahe liegendes) Beispiel: In der Schulstube wird den Kindern vom Vater geduldig gezeigt, wie man eine Schublade leise auf- und zuzieht. (Die Kinder sind gemäß Maria Montessori völlig frei, ob sie das jetzt nachmachen. Sie dürfen auf keinen Fall dazu gedrängt werden.) Und dann ist Papa «im wirklichen Leben» in Hektik, weil er seine Handschuhe nicht findet, und mit Kraft und Knall zieht er Schublade um Schublade auf und zu: «Verdammt noch mal, wo sind denn wieder mal meine Handschuhe abgeblieben.»

Oder nehmen wir die Übung *Knöpfe öffnen und schließen*. Prima haben sie das gemeinsam am Holzrahmen geübt. Und nun ist Ausgehen angesagt, Hektik, und die Mutter («Mein Gott, dauert das bei dir!») macht dem Kind die Mantelknöpfe zu ...

Und so kann es beim Gebrauch aller vorbereiteten Materialien geschehen. Und wird es sehr oft auch geschehen.

Überlassen Sie dies also lieber den gelernten Montessori-Erzieherinnen und -Erziehern. Die sind besser trainiert, die Falle zu vermeiden. Und wenn nötig, ist es allemal besser, Ihr Kind erlebt eine andere Person als wenig glaubwürdig. Und nicht Sie.

Diese verlockenden *Pädagogikfallen* stehen überall bereit. Und bisher ist noch fast jeder ernsthafte Pädagoge hineingetrampelt oder -gefallen. Für die Kinder aber heißt das, daß solche erzieherischen Demonstrationen offenkundig nicht gar so ernst zu nehmen sind ...

Auf alle Fälle aber sollten Sie als Eltern die Montessori-Methode gründlich kennen.

Wir stellen Ihnen im *ersten* Teil dieses Buches die große Frau in ihrem Wirken vor, vor allem jene Zeiten, in denen sie die Grundlagen ihres Systems entdeckt und entwickelt hat.

Im *zweiten* Teil gehen wir auf die wichtigen Erkenntnisse im einzelnen ein. Wir nehmen dabei die Erkenntnisse der jüngeren psychologischen Wissenschaft und zeigen, wie Maria Montessori dank ihrer Intuition wichtige Ergebnisse der Entwicklungspsychologie eines Jean Piaget oder von Lernpsychologen wie Fred Hechinger vorweggenommen hat – eine einsame Ausnahmewissenschaftlerin, deren Erkenntnisse auch Ende der 90er Jahre noch Lichtjahre davon entfernt sind, die Praxis des öffentlichen Schulwesens zu bestimmen.

Im *dritten* Teil erklären wir die Bedeutung und den lernpsychologischen Sinn einer Reihe von Materialien, die Maria Montessori entwickelt und hinterlassen hat und die in der «vorbereiteten Umgebung» auch heute noch für die Kinder bereit gehalten werden.

Im *vierten* Teil entwerfen wir ein Szenario des häuslichen Umgangs mit Kindern, der den Vorstellungen und Prinzipien der Montessori-Pädagogik entspricht.

Maria Montessori – ein Altersbild
Diese Aufnahme stellt uns freundlicherweise die Fa. Nienhuis Montessori, Industrie-
park 14, 7021 BL Zelhem, Niederlande, einer der bedeutendsten Hersteller und Vertrei-
ber von Montessori-Materialien, zur Verfügung. Dort kann man dieses Bild auch
bestellen.

Teil 1

Kapitel 1
Ein Leben für die Kinder

Die Kinderstube einer Ausnahmewissenschaftlerin

Wer war Maria Montessori?

Wie kam sie dazu, ihr Leben den Kindern zu widmen?

Unermüdlich hat sie daran gearbeitet, Bedingungen zu schaffen, die es Kindern ermöglichen, die in ihnen vorhandenen «göttlichen» oder «kosmischen» Gaben – wie Maria Montessori sie nannte – zu entfalten.

Woher bezog die unermüdliche Schafferin ihren Auftrag und ihre Kraft?

Maria Montessori war die erste Frau, die in Italien Ärztin wurde und den Doktor der Medizin machte – ein Kraftakt, ein Kampf, über dessen Schwierigkeiten wir uns heute nur schwer eine angemessene Vorstellung machen können. Auch hierfür waren nicht nur eine brillante Intelligenz, sondern vor allem ein unglaublich starker Wille, zähes und unbeugsames Durchsetzungsvermögen unabdingbar.

Woher dies alles kam, dafür haben wir nur Bruchstücke eines mosaikartigen Bildes ihrer Eltern und ihrer Kindheit.

Wir verdanken einiges davon der amerikanischen Journalistin Rita Kramer, einer langjährigen Mitarbeiterin des «New York Magazine». Rita Kramer hat drei Jahre auf die Erforschung von Leben und Werk der Maria Montessori verwandt. 1975 legte sie in einem New Yorker Verlag das Ergebnis, eine im Deutschen über 460 Seiten umfassende Biographie der Maria Montessori, vor. [*]

---

[*] Die professionelle Journalistin hat bei ihren Recherchen mehr Quellen erschlossen und ausgewertet als jede andere biographische Arbeit über die große Ärztin und Erziehungswissenschaftlerin. Frau Kramer hat zahlreiche Gespräche mit dem Sohn Maria Montessoris, Mario Montessori, sowie mit dem Enkel, dem Psychoanalytiker Dr. Mario Montessori jr., sowie dessen Frau Ada Montessori geführt. Sie hat in Zeitungsarchiven der ganzen Welt

Wir stützen uns, was die *biographischen Fakten* angeht, außer auf die Schriften Maria Montessoris vornehmlich auf dieses solide recherchierte Buch. Wir wollen nicht verhehlen, daß ein Teil der orthodoxen deutschen Montessori-Anhängerinnen und -Anhänger dieses Buch nur mit spitzen Fingern in die Hand nimmt – vielleicht weil in ihm sehr viel Persönliches, u. a. auch viel über die unverheiratete Mutter und ihren unehelichen Sohn Mario, steht.

Allerdings müssen wir auch einräumen: Die *Interpretationen und Deutungen* Rita Kramers, soweit es sich um pädagogische und werksrelevante Deutungen und Interpretationen handelt, sind leider nicht in allen Fällen ebenso brauchbar wie die biographischen Fakten. Zum Teil atmen sie weniger den Geist Montessoris als den der fortschrittlichen pädagogischen Auffassungen der 60er Jahre in Amerika und Europa. Diese aber hatten nur sehr bedingt mit Maria Montessori zu tun.

Im Nachwort schreibt Rita Kramer völlig richtig: «Maria Montessori hatte die Absicht gehabt, eine wissenschaftliche Pädagogik – eine Erziehungswissenschaft – zu schaffen. Sie definierte die Schule als eine vorbereitete Umwelt, in der sich das Kind frei und seinem eigenen Tempo gemäß entwickeln kann, unbehindert in der spontanen Entfaltung seiner natürlichen Fähigkeiten, mit Hilfe des Umgangs mit einer abgestuften Reihe von Materialien, die es zur Selbstkorrektur veranlassen, dazu bestimmt, seine Sinne und schließlich sein Denken anzuregen, es also, von der Wahrnehmung ausgehend, zu intellektuellen Fähigkeiten und Fertigkeiten weiterzuführen.» (S. 438)

Dieser Satz zeigt, daß Frau Kramer gut verstanden hat. Aber dann fügt sie an: «Heute erscheint an Maria Montessori nicht ihre ‹Wissenschaft› am eindrucksvollsten, sondern ihre Intuition, die sie bei der Erfindung neuer Methoden und Materialien leitete, mit deren Hilfe Kinder lernten.»

Nein, wir glauben, daß immer noch die Methode Maria Montessoris und die mit ihr verbundenen Erkenntnisse das wichtigste sind.

Es kommt aber darauf an, sie nicht nur abstrakt zu verstehen, sondern sie «richtig» in die Praxis zu überführen.

Artikel über die Vorkämpferin für die Frau und das Kind gesichtet, zahllose Zeitschriftenaufsätze ausgewertet und Zeitzeugen interviewt.

Kapitel 1 Die Kinderstube einer Ausnahmewissenschaftlerin

Und das geschieht z. B. nicht, wenn etwa, wie Rita Kramer das tut, das «offene Schulzimmer» oder «die überall verbreiteten Lernspiele» als montessorische Errungenschaften gefeiert werden (Kramer, S. 139).

Dennoch, um es noch einmal zu betonen, ist die Arbeit von Rita Kramer von unschätzbarem Wert, weil sie die Fakten zur Verfügung stellt, die – bei «richtiger» Betrachtung – auch helfen, Maria Montessori zu verstehen.

Die Mutter: Renilde Stoppani

Zurück zu der Frage: Woher bezog die unermüdliche Schafferin Maria Montessori ihren Auftrag und ihre Kraft?

Der Schleier des Geheimnisses lüftet sich ein wenig, wenn wir die Mutter von Maria Montessori in Augenschein nehmen.

Renilde Stoppani, geboren 1840, entstammte einer Gutsbesitzerfamilie der norditalienischen Provinzstadt Chiaravalle, «einem Städtchen im fruchtbaren Tal des Flusses Esino, wo Tabak angebaut und verarbeitet wurde. In der Umgebung gab es außerdem Getreide, Wein und Oliven. Durch kleine Glas-, Keramik- und Lederwarenfabriken in der Stadt selbst kamen zu den Gutsbesitzern und Bauern Handwerker und Kleinindustrielle hinzu.» (Kramer, S. 26)

Wir wissen von ihr, daß sie gebildet war, viel las und fortschrittlich dachte. Sie hing den Idealen des damals erwachenden Nationalbewußtseins der Italiener, der Freiheit und der Einheit, an. Sie war, wie Kramer schreibt, eine «glühende Patriotin». Wir wissen nichts von ihrer Mutter, aber vielleicht fiel Renilde Stoppani so aus dem Rahmen, der damals auch Gutsbesitzertöchter in einer Provinzstadt Norditaliens einengte, weil sie einen bemerkenswerten Onkel hatte.

Dieser, Antonio Stoppani, ein Priester und Geologe, war Lehrer an der Universität von Mailand. Er machte sich als Naturforscher einen Namen.

Er war «sowohl Autor zahlreicher wissenschaftlicher Werke als auch Dichter; er hatte eine liberale Zeitschrift gegründet, in der er versuchte, den Geist der Naturwissenschaften mit dem Geist der Religion in Einklang zu bringen» (a. a. O., S. 27 / 28).

Seine besondere öffentliche Bedeutung aber lag wohl darin, daß er sich für die Annäherung der Kirche an das neue nationale Regime einsetzte.

1870 war es zur Vereinigung Italiens gekommen. Der größte Teil der katholischen Kirche hatte diese zu verhindern versucht. Und viele Angehörige der kirchlichen Hierarchie bekämpften das neue Regime auch nach der Vereinigung.

Antonio Stoppani wurde nach seinem Tode im Jahre 1891 von der Universität Mailand ein Denkmal gesetzt.

Wo die Wurzeln für Renilde Stoppanis Freigeist und Hunger nach Bildung auch gelegen haben mögen, jedenfalls war es offensichtlich dieser Teil ihres Lebens, der sie zugreifen ließ, als 1865 ein Bücherrevisor des Finanzministeriums namens Alessandro Montessori nach Chiaravalle kam, um dort die Tabakmanufakturen auf ihre Steuerehrlichkeit zu prüfen.

Er hatte sich 1848 an einer vergeblichen Befreiungsschlacht gegen Österreich beteiligt und war dafür ein Jahr später dekoriert worden. Er war – wie die Oberschicht auch – antiklerikal, liberal und patriotisch und hatte Rhetorik und Arithmetik studiert.

«Ungeachtet etwaiger revolutionärer Träume oder Erinnerungen,» so Rita Kramer, «war er zu einem achtbaren Mitglied der bürgerlichen Beamtenschaft geworden.» (A. a. O., S. 26) Allerdings dürfen wir nicht vergessen, daß die Beamtenschaft in dem jungen – damals noch um die Einheit ringenden – Staat so etwas wie ein revolutionärer Faktor gegen die Macht des Klerus und die Ohnmacht der Kleinstaaterei war und keineswegs mit dem Image vergleichbar, das die Beamtenschaft im Deutschland des ausgehenden 20. Jahrhunderts hat.

Daß Renilde Stoppani den Abgesandten des Finanzministeriums freite – die Hochzeit fand im Frühling 1866 statt –, hing vielleicht auch damit zusammen, daß Alessandro Montessori ein Reisender war – heute hier, morgen da. Das mag ihrer Neugier, aber auch dem Bedürfnis entgegengekommen sein, der Enge der Provinz von Chiaravalle den Rücken zu kehren. Das geschah dann auch schon bald. Die Jahre 1867 und 1868 verbrachte das junge Paar in Venedig, wo Montessori seinen Dienstgeschäften als Steuerrevisor nachzugehen hatte.

1869 Rückkehr nach Chiaravalle, wo – nun endlich – ein Jahr später Maria Montessori geboren wurde. Sie sollte das einzige Kind der emanzipierten Renilde bleiben.

Das unstete Leben des Vaters war noch nicht zu Ende.

Noch zweimal wurde Alessandro Montessori versetzt.

1873 – Maria ist drei Jahre alt – zieht die Familie nach Florenz.

1875 dann der letzte Umzug. Der Vater wird als Revisor erster Klasse nach Rom gerufen. Alessandro Montessori bleibt dort bis zu seiner Pensionierung im Jahre 1891.

Für Maria hat das zwei Ortswechsel bedeutet – mit Abschied von der gewohnten Umgebung, ganz sicher auch verbunden mit schmerzlicher Trennung und dem Verlust geliebter Menschen, die für sie eine Rolle gespielt haben.

Leider wissen wir über diese beiden Umzüge und ihre Bedeutung nichts Konkretes, nicht die geringsten biographischen Daten sind überliefert. Aber wir wissen generell aus vielen psychologischen Fallstudien: «Umzug tut weh.»[*]

Wir sehen in diesen beiden Umzügen und den damit verbundenen Verlusten von festen Orten und Personen – Erwachsenen wie auch kindlichen Freunden – biographische Wurzeln für die besondere Sensibilität, mit der Maria Montessori auf Kinder reagierte und ihre Bedürfnisse erspürte.

Wir sehen hier auch Wurzeln für den in der Montessori-Pädagogik so wichtigen Begriff der «vorbereiteten Umgebung», die in allen Einrichtungen der Montessori-Pädagogik in gewisser Weise gleich ist (s. S. 49).

Ganz besonders deutlich zeigt sich die Verunsicherung durch die Umzüge in der Wahrnehmung der kindlichen «sensiblen Phase für

---

[*] «Umzug tut weh» ist auch der Titel eines Buches der Wiener Psychologin Gisela Gerber, die als Gattin eines internationalen Diplomaten die Welt und dabei das Problem des Umziehens mit Kindern kennengelernt hatte. Sie widmete sich, nachdem sie endlich «seßhaft» geworden war, der Therapie umzugsgeschädigter Kinder, wobei sie reichhaltiges Material zusammentrug. Urvertrauen und Sicherheit werden durch den häufigen Verlust von wichtigen Freundinnen und des Umfelds in Mitleidenschaft gezogen. Angst vor Veränderung, vor Neuem ist die Folge. Das Bedürfnis nach angstmindernder Orientierung wird verstärkt. Über-Wachheit und Über-Sensibilität sind die Folge.

Ordnung», auf die Maria Montessori als erste aufmerksam machte (s. S. 71 und 178).

Kehren wir zurück in die Kindheit der Maria Montessori, zu einer kleinen Geschichte, die Rita Kramer erzählt.

Als die Familie – nach einem einmonatigen Ferienaufenthalt – in den eigenen Haushalt zurückkommt, quengelt Maria, sie habe Hunger und wolle was zu essen. Die Mutter sagt, es sei nichts da, sie müsse noch warten. Als Maria aber weiterquengelt, findet die Mutter ein vier Wochen altes Stück Brot im Schrank und gibt es ihr mit den Worten «Wenn du nicht warten kannst, nimm dies.» (Kramer, S. 28)

Die Biographin kommentiert mit den Worten: «Sie (die Mutter) glaubte auch, Kindern tue eine strenge Zucht not.» Und: «Verwöhnung hatte keinen Platz in Marias Erziehung.»

Der zweite Satz mag zutreffend sein. Verwöhnung sollte auch in keinem Umgang mit Menschen – außer mit kranken und dem Säugling bis zum Ende des ersten Lebensjahres – einen Platz haben. Als Beleg für «strenge Zucht» kann man aber die erzählte Anekdote, wenn sie denn stimmt, nicht nehmen.

Vielmehr zeigt sich hier ein Ernstnehmen des Kindes und der eigenen Situation, wie sie auch für die Montessori-Pädagogik kennzeichnend ist.

Indem die Mutter sich nicht eilfertig zur Pudding kochenden Sklavin degradiert, aber doch etwas für den strengen Hunger des Kindes findet, bewahrt sie ihre eigene Würde ebenso wie die Würde des Kindes.

Das Kümmern um Benachteiligte und Arme, wie es später für Maria Montessori ein Leben lang wichtig ist, geht offenbar auf die Mutter zurück.

Diese ließ sie täglich für die Armen stricken, und auf ihr Geheiß ging Maria oft mit einem buckeligen Kind aus der Nachbarschaft spazieren.

Hier kommt eine Haltung der Mutter zum Vorschein, die die Tochter gewiß auch in vielen anderen nicht überlieferten Situationen gespürt und erlebt hat und die angesichts der großen Bedeutung, die die Mutter für ihre Tochter hatte, nicht ohne Folgen bleiben konnte.

Eine letzte Anekdote aus der Vorschulzeit von Maria Montessori: «Die kleine Maria verordnete sich selbst, immer eine bestimmte Zahl von Fliesen zu schrubben, wenn der Fußboden gereinigt werden mußte; es scheint, als habe sie daran Freude gehabt, und es erinnert auffallend an das, was später in der Montessori-Schule als ‹Übungen des praktischen Lebens› bekannt wurde.» (Kramer, S. 29)

Ja, diese Anekdote erinnert an noch mehr Prinzipien der Montessori-Pädagogik:

Zunächst einmal läßt diese Situation an den berühmten Satz denken, der den Kern der Montessori-Pädagogik ausmacht: «Hilf mir, es selbst zu tun.» Wir ziehen es vor, diesen Satz etwas freier aus dem Italienischen zu übersetzen: «Schaffe mir Bedingungen, damit ich es selbst tun kann.» Die Mutter war nicht ungeduldig, ihre Tochter an ihrer Arbeit teilhaben zu lassen, wie wir das so oft bei gestreßten und beim Putzen oder anderen Dingen sehr genauen Frauen finden. Nein, Renilde Stoppani gab ihrer Tochter Raum, teilzuhaben, mitzumachen. Sie schaffte ihr Bedingungen, damit die Tochter «es selbst tun» konnte.

«Es scheint, als habe sie daran Freude gehabt.»

Woher kam diese Freude?

Damit sind wir bei einem zweiten wichtigen Prinzip der Montessori-Pädagogik, nämlich der Rückmeldung bzw. «Erfolgskontrolle» (s. S. 77): Fliesenschrubben ist für den unbefangenen Menschen, wie es das Kind Maria war und wie auch die Kinder heute unbefangene Menschen sind, eine befriedigende Tätigkeit, weil man den Erfolg seiner Arbeit sofort in der strahlenden Sauberkeit der gereinigten Platten bestätigt bekommt. Es ist eine Arbeit mit eingebauter «Erfolgskontrolle».

Alle Materialien in der vorbereiteten Umgebung haben eine solche eingebaute «Erfolgskontrolle» – genauso wie beim Fliesenreinigen direkt zu sehen ist, wie der Schmutz verschwindet, der Erfolg sich einstellt, man sich nunmehr in der spiegelnden Fliese selber anschauen kann.

Schulerfahrungen

Mit sechs Jahren kam Maria Montessori in die Schule.

Das war für sie offenkundig ein sehr einschneidendes Erlebnis. Das jedenfalls läßt sich einem Text entnehmen, mit dem Maria Montessori ihr Buch *Kinder sind anders* abschließt. Dieser Text ist zwar scheinbar sehr allgemein gehalten. Die vielen Details, mit denen sie einfühlsam das Empfinden des Kindes schildert, legen aber nahe, daß dieser Text auf ganz persönliches Erleben der kleinen Maria zurückgeht:

«Die Schule war für das Kind (man lese: *für mich*) die Stätte größter Trostlosigkeit. Jene ungeheuren Gebäude scheinen für eine Menge von Erwachsenen errichtet. Alles ist hier auf den Erwachsenen zugeschnitten: die Fenster, die Türen, die langen Gänge, die kahlen, einförmigen Klassenzimmer... Die Familie ließ das Kind (*mich*) allein, verließ es (*mich*) an der Schwelle jenes Gebäudes... Und das Kind (*ich*) schien, weinend, hoffnungslos und von Furcht bedrückt, über jenem Tor Dantes Hölleninschrift zu lesen: ‹Durch mich gelangt man in die Stadt der Schmerzen, in die Stadt, wo das verlorene Volk wohnt, das Volk, von dem die Gnade sich abgewandt hat.›

Eine strenge, drohende Stimme forderte das Kind (*mich*) samt vielen unbekannten Gefährten auf, hereinzukommen, wobei man alle zusammen als böse Geschöpfe betrachtete, die Strafe verdient hatten: ‹Weh euch, ihr bösen Seelen ...› Da sitzt nun das Kind in seiner (*sitze ich nun in meiner*) Bank, ständig gestrengen Blicken ausgesetzt, die zwei Füßchen und zwei Händchen dazu nötigen, ganz unbewegt zu bleiben, so, wie die Nägel den Leib Christi an die Starrheit des Kreuzes zwangen. Und wenn dann in jenes nach Wissen und Wahrheit dürstende Gemüt die Gedanken der Lehrerin entweder mit Gewalt oder auf irgendeinem anderen gut befundenen Weg hineingepreßt sind, dann wird es sein, als blute dieses kleine, gedemütigte Haupt wie unter einer Dornenkrone.» (Montessori, *Kinder sind anders*, S. 301–303)

Man braucht nicht viel Phantasie, um in dieser Schilderung die Situation der Einschulung zu erkennen, in der die Familie sich vor dem Schultor verabschiedet und das sensible Kind in einer bedrohlichen, fremden Welt seinem Schicksal überläßt.

Sie war eingeschüchtert, und folgerichtig erhielt sie im ersten Schuljahr eine Auszeichnung für gutes Betragen. Und im zweiten Schuljahr wurde sie in Nähen und anderen Handarbeiten belobigt. Aber der Ort Schule blieb ihr gleichgültig. Als eine Klassenkameradin weinte, weil sie nicht versetzt wurde, soll sie geäußert haben, das sei doch egal, ein Klassenzimmer sei schließlich wie das andere.

Ihre kritische Haltung der Schule und dem darin praktizierten Lernen gegenüber («*wenn dann in jenes nach Wissen und Wahrheit dürstende Gemüt die Gedanken der Lehrerin entweder mit Gewalt oder auf irgendeinem anderen gut befundenen Weg hineingepreßt sind*») ist nicht erst in der Rückschau entstanden. Das zeigt folgende Geschichte, die Maria Montessori berichtet. Eine offenbar blaustrümpfige Lehrerin ließ sie die Lebensgeschichten bedeutender Frauen auswendig lernen. Und sie forderte die Schülerinnen auf, sich an ihnen ein Vorbild zu nehmen. Worauf die kleine Maria antwortete, ihr täten die zukünftigen Schüler zu leid, als daß sie der Reihe von Biographien noch eine weitere hinzufügen möchte. (Was sie ironischerweise dann doch nicht verhindern konnte.)

Das war ein deutlicher und gezielter Affront gegen das Hineinpressen von Wissen in die kleinen Hirne – eine Erkenntnishaltung, die Maria Montessori nie aufgegeben und die sich als ein Grundpfeiler nicht nur ihrer eigenen Psychologie, sondern der modernen Lernpsychologie insgesamt behauptet hat.

Dennoch war sie auch in dieser Hinsicht eine gute Lernerin und behauptete sich auch in der Nürnberger-Trichter-Schule.

Dabei kam ihr zugute, daß sie außerhalb der Schule – selbstbestimmt und aus eigener Neigung in den Fußstapfen ihrer gebildeten Mutter – viele Bücher verschlang. Sie entwickelte darüber hinaus eine Leidenschaft für Mathematik, auch nicht verwunderlich, war ihr Vater doch studierter Mathematiker und arbeitete in der staatlichen Finanzverwaltung.

Nach Aussagen ihres Enkels soll sie dieser Disziplin so zugetan gewesen sein, daß sie das Mathematikbuch sogar ins Theater mitnahm, um während der Vorstellung im Halbdunkel darin zu lernen.

Nach der Grundschule – Maria war zwölf – beschloß sie, was für ein Mädchen ganz unüblich war, auf eine technische Schule zu gehen. Das fand ausschließlich die Zustimmung ihrer Mutter, während der Vater eher verbittert darauf reagierte, daß seine Tochter nicht den üblichen Weg, das klassische Gymnasium, wählte.

Im Herbst 1883 war es dann soweit. Die dreizehnjährige Maria Montessori trat in die *Regia Scuola Tecnica Michelangelo Buonarroti* ein.

Auch die Leidenschaft für Mathematik und Naturwissenschaft ist für das Werk Maria Montessoris von Bedeutung und hat in ihm deutlich sichtbare Spuren hinterlassen. Wir sind es gewohnt, daß in der Pädagogik oft recht unscharf geschrieben und gedacht wird. Das ist in der Montessori-Pädagogik anders – jedenfalls da, wo es um das Verstehen des Kindes und um die Methode geht.

Der amerikanische Lernpsychologe Robert F. Mager hat die gängige schulische Praxis mit den Worten kritisiert: «Wenn Erzählen dasselbe wäre wie Lehren, dann wären wir alle so schlau, daß wir es kaum aushalten könnten.» (Mager 1970, S. 19)

In aller Regel entbehrt schulischer Unterricht eines überprüfbaren Ziels für den Lernenden, und es gibt auch keine Erfolgskontrolle. Wir haben bereits erwähnt, daß alles Lernmaterial der Montessori-Pädagogik mit einer «eingebauten» Erfolgskontrolle ausgestattet ist, so daß die Lernenden immer wissen, woran sie sind. Dies ist neben den erfreulichen Erfahrungen ihrer Kindheit – wie wir sie im Fliesenschrubben überliefert bekommen haben – dem naturwissenschaftlichen Denken der Maria Montessori geschuldet. Und das eine mag das andere bedingt haben.

Auch die Präzision, mit der die große Pädagogin ihre einfühlsamen Beobachtungen von Kindern interpretiert und auswertet, ist am mathematisch-naturwissenschaftlichen Beispiel geschult. Und das bringt sie in die Nähe eines anderen großen Psychologen unseres Jahrhunderts, Jean Piaget, der vieles mit noch verfeinerteren Methoden nachvollzieht und bestätigt, was Maria Montessori herausgefunden, beschrieben und zur Grundlage ihres Systems gemacht hat.

Maria Montessori im Jahre 1887. Die 17jährige Studentin am Istituto Tecnico Leonardo da Vinci ist im Begriff, ihrem Leben eine andere Richtung zu geben. Aus der Leidenschaft für Mathematik und Naturwissenschaft wächst nach einer Begegnung mit einer Frau, die ein Baby mit einem langen, schmalen, roten Papierstreifen auf dem Arm hielt, unerklärlicherweise der Wunsch, Ärztin zu werden.

Richtungswechsel: Dr. med.

Alessandro Montessori, so Rita Kramer, hielt es für möglich, daß eine moderne Frau Lehrerin werden konnte, aber Ingenieur war für ihn im Hinblick auf seine Tochter unvorstellbar.

Daß sie dieses Ziel nun aufgab, brachte dem Vater keine Erleichterung, da der neue Berufswunsch noch verwegener war: Jetzt wollte sie Medizin studieren und Ärztin werden. Wie es dazu kam, beschreibt die Freundin Anna Maccheroni: «Sie ging auf der Straße, als sie einer Frau mit einem Baby begegnete, das einen langen, schmalen, roten Papierstreifen in der Hand hielt. Ich habe Dr. Montessori mehrmals diese kleine Straßenszene beschreiben hören, ebenso den Entschluß, der ihr dabei in den Sinn kam. In solchen Momenten trat ein langer, tiefer Blick in ihre Augen, als suche sie nach Dingen, die weit über Worte hinausgingen. Dann pflegte sie zu sagen ‹Warum?›, um mit einer kleinen ausdrucksvollen Handbewegung anzudeuten, daß seltsame Dinge in uns geschehen, die uns zu einem Ziel führen, das wir nicht kennen.» (Zit. nach

Gerade haben wir die naturwissenschaftlich geschulte Denkart der Maria Montessori betont, hier kommt nun der Gegenpol zum Tragen, ein tiefes Vertrauen in das eigene Unbewußte, das wichtige Lebensentscheidungen in einem fruchtbaren Moment fällt, der scheinbar so wenig mit der Entscheidung zu tun hat, wie man nur denken mag.

Und dennoch, so scheint uns, ist angesichts dessen, bei welchen Zielen die junge Frau in ihrem Leben letztlich ankam, die Szene mit dem Kind auf dem Arm seiner Mutter und mit dem roten Papierstreifen in der Hand auch ein plausibler Wegweiser.

Jedenfalls schreibt sich die zwanzigjährige Maria nach dem Abschluß ihrer Ausbildung am *Regio Istituto Tecnico Leonardo da Vinci* im Herbst 1890 als Studentin der Physik, Mathematik und der Naturwissenschaften an der Universität Rom ein. Zwei Jahre später erwirbt sie mit Bestehen ihrer Prüfungen die Berechtigung, Medizin zu studieren.

Dem steht nur entgegen, daß sie eine Frau ist.

Aus Interviews, die sie zwanzig Jahre später gegeben hat, geht hervor, daß sie sich an Papst Leo XIII. gewandt hatte und es ihm verdankte, als erste weibliche Studentin Italiens zum Medizinstudium zugelassen worden zu sein.

Die «Leere im Herzen»

Der erste Seziertermin war eine emotionale Katastrophe. Sie beschreibt das «Gefühl der Leere im Herzen», die «zitternden Knie» und ihre Versuche, damit umzugehen, in einem Brief, den sie nach der Promotion zum Dr. med. im Jahre 1896 an eine Freundin namens Clara richtete.

Am selben Abend redet sie – noch außer Fassung – mit ihren Eltern.

«Mein Vater sagte: ‹Es ist sinnlos, dich zu zwingen, du kannst es nicht›. Und meine Mutter: ‹Es ist schlecht für dich, mein Kind, geh nicht wieder hin.› ‹Aber es war das erstemal›, sagte ich, ‹vergeßt doch nicht, es war das erstemal … wenigstens bin ich nicht ohnmächtig geworden.›» (Kramer, S. 50–52)

Wer weiß, vielleicht hätten bemühte Durchhalteappelle der ganzen Sache eine andere Wendung gegeben. Aber gewiß haben die besorgten gutgemeinten Ratschläge zum Aufhören Maria Montessoris letzten Kräfte mobilisiert.

Allein schon der Umstand, einzige Frau in einer Männerdomäne zu sein, rückt die junge Studentin immer wieder in den Mittelpunkt öffentlicher Aufmerksamkeit. 1894 gewinnt sie einen medizinischen Preis und im nächsten Jahr den Wettbewerb um eine Assistentenstelle im Krankenhaus *Santo Spirito*.

Bei dem öffentlichen Vortrag, den sie wie jeder Student vor Abschluß des Studiums halten mußte, drängelte sich das Publikum – weniger, wie Standing bemerkt, aus Interesse am Thema als vielmehr aus Hoffnung auf einen Skandal, der aber ausblieb.

Statt dessen kam es bei diesem Termin zur Versöhnung mit dem Vater, der sich – so die Legende – von einem Bekannten widerwillig zu der Vorlesung hatte mitschleppen lassen. Nach dem großartigen Vortrag, an dessen Ende es Ovationen gab, sollen viele der anwesenden Akademiker Alessandro Montessori umringt und ihn zu «dieser Tochter» beglückwünscht haben.

In den beiden letzten Jahren vor dem Abschluß spezialisiert sie sich auf Kinderheilkunde. Hier kommen das Interesse für das Kind und die Identifikation mit dem Kind, die wir schon einige Male beobachten konnten, wieder hervor.

Im Frühjahr 1896 wird sie mit dem Thema *Ein klinischer Beitrag zum Studium des Verfolgungswahns* und hervorragendem Ergebnis promoviert.

In dem schon erwähnten Brief an Clara erklärt sie:

«Meine Berühmtheit kommt so zustande: Ich wirke zart und ziemlich schüchtern, und man weiß, daß ich Leichen ansehe und berühre, daß ich ihren Geruch gleichgültig ertrage, daß ich nackte Körper ansehe (ich – ein Mädchen, allein unter so vielen Männern!), ohne ohnmächtig zu werden. Daß mich nichts erschüttert, nichts …

Ich bin nicht berühmt wegen meines Könnens oder meiner Klugheit, sondern wegen meines Mutes und meiner Kaltblütigkeit gegen alles.» (Zit. nach Kramer, S. 60)

Vielbeschäftigte junge Ärztin
und Kämpferin für die Sache der Frau

Die junge Frau Doktor hatte – in einer Zeit, da viele Akademiker, auch Mediziner, arbeitslos waren – alle Hände voll zu tun.

Fast zum selben Zeitpunkt, als sie promoviert wurde, erschien ihre erste medizinische Forschungsarbeit *Die Bedeutung der Leydener Kristalle beim Bronchialasthma* in einer wissenschaftlichen Zeitschrift.

Sogleich nach der Promotion bot man ihr am Krankenhaus *San Giovanni,* das der Universität angeschlossen war, eine Assistentenstelle an. Daneben gründete sie eine Privatpraxis.

Fast selbstverständlich, daß die Frauenbewegung, die ihr soviel verdankte, sie auch beschäftigte. Als es darum ging, eine Delegierte für den *Frauenkongress in Berlin Ende September 1896* in Berlin zu bestimmen, fiel die einmütige Wahl auf sie.

Ihre beiden Vorträge gerieten zu einem persönlichen Triumph für die junge Ärztin aus Rom, die – wie sie betonte – für sechs Millionen italienischer Frauen sprach, zu einem «Triumph italienischer weiblicher Grazie» (*Il Corriere della Sera*).

Obwohl ihr Charme durchaus auch der Sache dienlich war, konnte sie sich mit den Berichten über ihre Grazie und Anmut nicht anfreunden: «... niemand wird es mehr wagen, meinen sogenannten Zauber noch einmal zu besingen. Ich werde ernsthafte Arbeit tun.» (Nach Kramer, S. 69)

Zu Hause ging die Arbeit weiter. Im November berief man sie an das Krankenhaus *Santo Spirito* als Chirurgieassistentin, wo sie ein Jahr zuvor zum Mißfallen ihrer vielen männlichen Kommilitonen beim alljährlichen Wettbewerb eine vorgezogene Assistenz gewonnen hatte.

Da sie außerdem noch gelegentlich am *Frauen- und Kinderkrankenhaus* arbeitete, hatte sie mit ihrer Privatpraxis und der Assistenz am *Giovanni* nun insgesamt vier Arbeitsplätze. Und daneben setzte sie ihre Forschungsarbeit an der *Psychiatrischen Klinik* der Uni fort, die sie für ihre Dissertation begonnen hatte.

1897 wurde sie Assistentin an dieser Klinik. Sie erhielt u. a. die Aufgabe, in römischen Irrenanstalten nach geeigneten Patientinnen für die universitäre Psychiatrie Ausschau zu halten.

Dabei traf sie immer wieder auf schwachsinnige Kinder – Begegnungen, die sie sehr berührten.

Einmal führte man ihr in einen Raum eine Gruppe schwachsinniger Kinder vor, die dort wie Gefangene gehalten wurden.

Wie Maria Montessori berichtet, bekamen die Kinder dort niemanden außer einander zu sehen, hatten nichts zu tun, außer zu essen und zu schlafen. Sie starrten in die Luft. Die Wärterin erzählte mit Abscheu, daß die Kinder nach dem Essen auf dem Boden nach schmutzigen Brotbrocken grapschten. «Maria Montessori hörte zu und dachte über die Kinder nach, die nach den Brotbrocken griffen, sie in den Händen quetschten und im Mund herumbewegten. Sie sah sich in dem kahlen, leeren Raum um. Und ihr ging auf ..., daß die Kinder nicht nach Brot hungerten, sondern nach Erfahrungen. In ihrer Umgebung war nichts, was sie berühren, befühlen oder woran sie ihre Hände und Augen üben konnten.» (Kramer, S. 71/72)

Einige dieser Kinder nahm sie mit in ihre Klinik, um mit ihnen zu arbeiten. Sie las über geistig behinderte Kinder und ihre Erziehung. Dabei entdeckte sie die Werke zweier Franzosen, *Jean-Marc-Gaspard Itard* und seines Schülers *Edouard Séguin. Séguin*, Jahrgang 1812, hielt die normale Schulerziehung für «verdummend», da sie lediglich das menschliche Gedächtnis anspreche und alle anderen geistigen Fähigkeiten verkümmern ließe. «Die Achtung vor der Individualität ist der erste Prüfstein für einen Lehrer.» (A. a. O., S. 75)

Er arbeitete mit Materialien, von denen die meisten «eingebaute Erfolgskontrollen» enthielten. So konnten die Kinder selbst feststellen, daß sie es «richtig» gemacht hatten. Er benutzte beispielsweise verschieden große Nägel, die in Löcher auf ein Brett paßten, geometrische Figuren, die in entsprechende Aussparungen gehörten, Perlen zum Aufziehen, farbige Kugeln und dazugehörige gleichfarbige Behältnisse und so fort.

Vieles, was Séguin machte und vorschlug, entsprach dem, was Maria Montessori aufgrund ihrer eigenen Beobachtungen und Schlußfolgerungen für notwendig hielt. Sie kam zu dem Schluß, «daß die geistige Minderwertigkeit hauptsächlich ein pädagogisches, nicht so sehr ein medizinisches Problem sei».

Im Wintersemester 1897 / 98 begann sie nicht nur, Pädagogikvorlesungen an der Universität zu hören, sondern ebenfalls die wichtigsten Werke der Erziehungstheorie der letzten zweihundert Jahre zu lesen:

- Jakob Rodriguez Perrera, der 1750 in Bordeaux eine freie Schule für Taubstumme gegründet hatte, und dessen Nachbarn und Freund
- Jean-Jacques Rousseau, dessen «Émile» noch heute gelesen wird,
- Johann Heinrich Pestalozzi (Jahrgang 1746) und
- Friedrich Fröbel, den Gründer der ersten Kindergärten (welche – man vergißt es allzu leicht – 1848 von der preußischen Regierung geschlossen wurden, weil sie zu «revolutionär» waren).

All dies brachte sie zu der Überzeugung, daß man besondere Schulen für die geistig zurückgebliebenen und psychisch geschädigten Kinder einrichten müsse. Ihre Lesefrüchte publizierte sie 1898 in einem Artikel unter dem Titel *Soziale Mißstände und neue wissenschaftliche Entdeckungen* in der Zeitschrift *Roma* und sprach darüber vor 3000 Teilnehmern auf dem nationalen Pädagogikkongreß im September desselben Jahres in Turin. Ihr Thema waren die Kinder, mit denen sie auch praktisch zu tun hatte, die «Schwachsinnigen».

«Sie erinnerte ihre Zuhörer, daß Séguin schon 1831 gezeigt habe, daß ‹der Idiot nicht unfähig ist zu lernen, sondern nur unfähig, den üblichen Erziehungsmethoden zu folgen›, und daß er neue Methoden für die Erziehung geistesschwacher Kinder entwickelt habe, die in ganz Westeuropa, England und den USA in Sondereinrichtungen angewandt würden.» (Kramer, S. 92)

Sie empfahl nicht nur die Einrichtung solcher Sonderschulen, sondern auch besondere Ausbildungskurse für Lehrer zur Erziehung der Retardierten nach Fröbel (a. a. O., S. 93).

Und wie sie ihr Programm beschrieb, so war tatsächlich zu sehen, daß sie Anregungen von Fröbel («Wir gehen mit ihnen zum Beispiel in einem Garten spazieren, um mit Hilfe von Blumen verschiedener Farben und Größe und mit verschiedenem Duft ihren Gesichts-

und Geruchssinn anzuregen») übernommen oder, besser gesagt, integriert hatte.

Im Herbst 1899 übernahm sie am *Regio Istituto Superiore di Magistero Femminile*, einer der beiden Lehrerbildungsanstalten für Frauen in Italien, Vorlesungen über Hygiene und Anthropologie (a. a. O., S. 106). Da sie hier auch prüfte und viel Kontakt mit dem Kollegium und den Studentinnen (220 an der Zahl) hatte, gewann sie weitere Einblicke in die Geschichte und die Methoden der Pädagogik.

Scuola Magistrale Ortofrenica: Modellschule für geistig behinderte Kinder

Die 1898 gegründete *Nationale Liga für die Erziehung behinderter Kinder*, in der Maria Montessori sich aktiv für die Erreichung ihrer Ziele zusammen mit anderen bekannten Persönlichkeiten einsetzte, war 1900 soweit, daß sie in Rom eine Schule zur Ausbildung von Lehrern für die Betreuung und Erziehung geistig behinderter Kinder eröffnen konnte. An dieser Modellschule (*Scuola Magistrale Ortofrenica*) wurden Lehrerinnen und Lehrer ausgebildet – im ersten Jahr 64 –, aber auch 22 behinderte Kinder betreut. Selbstverständlich, daß Maria Montessori die Leitung dieser Schule angetragen bekam und übernahm. Hier machte sie ihre entscheidenden Beobachtungen, Experimente und Erfahrungen im pädagogischen Bereich. Sie unterrichtete die Kinder persönlich und leitete die Tätigkeit der Erzieherinnen an.

Täglich war sie von acht Uhr morgens bis abends um sieben im Institut, wo sie alles, was sie beim Studium ihrer pädagogischen Meister erfahren und gelernt hatte, ausprobierte, die Reaktionen der Kinder sorgfältig notierte und daraus ihre Schlüsse zog. Später sagte sie: «Diese beiden praktischen Jahre haben mich zuerst und hauptsächlich auf dem Gebiet der Pädagogik heimisch gemacht.» (Nach Kramer, S. 111)

Sie veränderte die Materialien, die sie von Séguin her kannte, und entwickelte auch neue. Hier liegt der Ursprung des *Montessori-Materials*.

Indem sie das Verhalten und die Reaktionen der Kinder mit wissenschaftlicher Genauigkeit und ausgeprägtem Einfühlungsvermögen beobachtete, analysierte und intuitiv darauf reagierte, erfand oder perfektionierte sie Materialien für handelndes Lernen. So ließ sie für ihre geistig behinderten Kinder die Buchstaben des Alphabets aus Holz ausschneiden. Sie hielt die Kinder an, die Modellbuchstaben zu berühren und mit den Fingern ihren Konturen zu folgen. Dadurch lernten sie, die Bewegungen zu vollführen, die notwendig waren, um die Buchstaben «nachzubilden» bzw. sie an die Wandtafel zu schreiben. Bald konnte sie einige ihrer achtjährigen Behinderten für die Staatsprüfung im Lesen und Schreiben anmelden. Und diese bestanden sie besser als «normale» Kinder (a. a. O., S. 112).

Was, wenn sie diese Methoden bei den normalen Kindern anwendete? «Während nun alles die Fortschritte meiner Idioten bewunderte, forschte ich nach den Gründen, welche die bedauernswerten Kinder unserer öffentlichen Schulen auf einer so tiefen Stufe zurückhielten, daß meine unglücklichen Schüler ihnen in der geistigen Bildung die Stange halten konnten!» (A. a. O., S. 113)

Zwei Jahre dieser Form von Erfahrung waren ihr genug.

Warum Maria Montessori diesen Erfahrungsraum nach etwa eineinhalb Jahren verließ, darüber Rita Kramer: «Sie verließ die Schule aus persönlichen Gründen, um Abstand von einer Beziehung und einer Situation zu gewinnen, die ihr unerträglich geworden waren. Zu irgendeiner Zeit hatte sie eine enge Freundschaft mit ihrem Kollegen Dr. Montesano geschlossen, die sich zu einer Liebesgeschichte entwickelte, und sie hatte ein Kind von ihm bekommen.» (A. a. O., S. 114)

Die Biographin hält es für unwahrscheinlich, daß die Beziehung zu Dr. Montesano nur eine flüchtige Affäre war.

Warum die beiden nicht geheiratet haben, ist unklar. Wie Sohn Mario berichtet, sei die Familie seines Vaters, insbesondere dessen Mutter, gegen eine Heirat gewesen.

Mario kam am 31. März 1898 zur Welt. Im dunkeln bleibt, wie die vielbeschäftigte Mutter ihre Schwangerschaft geheimhalten konnte.

Nach der Geburt gab Maria Montessori ihr Kind zu einer Amme aufs Land. Kramer berichtet, man habe Mario Montessori gesagt, sein Vater und seine Mutter hätten einander versprochen, niemals zu heiraten. Dieses Versprechen habe Montesano gebrochen. Als er eine andere Frau geheiratet habe, sei das der Grund dafür gewesen, daß Maria Montessori die Schule verließ, an der beide arbeiteten.

Studium der Erziehungswissenschaften und der Anthropologie

Im Frühjahr 1901 verließ sie die Schule, gab auch ihre ärztliche Praxis und alle anderen Tätigkeiten auf, um noch einmal zu studieren, wobei sie sich auf Anthropologie und Erziehungsphilosophie konzentrierte. Sie hörte auch Vorlesungen in Hygiene und Experimentalpsychologie. Sie ging in Grundschulen, um mehr über normale Kinder und ihren Unterricht zu erfahren. Von 1904 bis 1908 hielt sie Vorlesungen am Pädagogischen Institut für Studenten der naturwissenschaftlichen und der medizinischen Fakultät.

Als sie 1902 auf dem zweiten nationalen Pädagogenkongreß in Neapel die Ergebnisse ihrer Arbeit vortrug, war für sie eine Erkenntnis ganz zentral. Sie hatte in den Jahren 1898 bis 1900 erfahren, daß die von ihr entwickelten und angewandten Methoden behinderten Kindern halfen, normale geistige Leistungen zu erbringen. Sie war mehr und mehr zu der Überzeugung gekommen, daß diese Methoden auf Prinzipien basierten, die für Lernprozesse zweckmäßiger waren als die in den Schulen gebräuchlichen. Später schrieb sie: «Während alle die Fortschritte meiner Idioten bewunderten, machte ich mir Gedanken über die Gründe, aus denen glückliche und gesunde Kinder in den gewöhnlichen Schulen auf so niedrigem Niveau gehalten wurden, daß sie bei Prüfungen der Intelligenz von meinen unglücklichen Schülern eingeholt wurden.» (Montessori, *Die Entdeckung des Kindes*, S. 32/33) «... Mein Wunsch war es, die mit so großem Erfolg von Séguin ausgearbeiteten Methoden an Kindern der ersten Grundschulklassen zu erproben ...» (A. a. O., S. 37)

Die Ärztin, die inzwischen Pädagogin geworden war, war «reif». Reif dafür, ihre Erfahrungen an «normalen» Kindern auszuprobieren.

Kapitel 2
Casa dei Bambini – das erste Kinderhaus

1906 wurde in einigen Stadtteilen Roms saniert. In einem dieser Sanierungsviertel störten etwa fünfzig unbeaufsichtigte Kinder die Sanierungsarbeiten, sie beschmierten neugetünchte Wände und stellten anderen Unfug an.

Die Verantwortlichen wandten sich an Maria Montessori um Rat.

Sie waren mehr als überrascht, daß die berühmte Frau sofort anbot, selbst ein Projekt für die verwahrlosten Kinder einzurichten und zu leiten. Verstehen konnte das keiner. Einige gingen sogar so weit, ihr vorzuwerfen, daß sie mit solcher Arbeit das Ansehen des Ärztestandes herabsetze.

Unbeirrt besorgte Maria Montessori bei hilfsbereiten Damen der Gesellschaft Geld und Material, mit dem sie den einzigen Raum einrichtete, der ihr zur Verfügung stand. Sie nannte ihn *Casa dei Bambini* – Kinderhaus.

Es gab einige große Tische, ein Pult für die Lehrerin und einen Vorratsschrank. Die Damen der Gesellschaft hatten Spielzeuge, Papier, Buntstifte gespendet. Außerdem ließ Maria Montessori die Materialien nach den Vorlagen herstellen, die sie bei der Schulung der Schwachsinnigen entwickelt hatte.

Weinend und mürrisch waren die Kinder in ihre neue Bleibe eingezogen. Montessori hatte ihrer Helferin, die tagsüber die Kinder beaufsichtigte, wenn sie selbst an der Weiterentwicklung ihres Konzepts und ihrer Materialien arbeitete, strengstens eingeschärft, die Kinder machen zu lassen, was sie wollten, und sie in keiner Weise zu stören, damit sie – quasi wie im wissenschaftlichen Labor – die freie Tätigkeit der Kinder beobachten könne.

Nach einigen Wochen schon zeigten die Kinder, sowohl die scheuen als auch die eher aggressiven, Interesse an ihren didaktischen Materialien, während Spielzeug und Zeichenutensilien weniger Beachtung fanden. Die Kinder begannen von sich aus, Holz-

zylinder in die dafür vorgesehenen Öffnungen eines Brettes zu stek-
ken, Holzklötze in abnehmender Größe aufeinanderzustellen usw.
(Kramer, S. 139)

Besonders bemerkte Maria Montessori, daß die Kinder, wenn sie
sich einmal auf ein Material eingelassen hatten, bei der Sache blieben, bis sie alles «an die richtige Stelle» gebracht hatten. Nicht selten wiederholten sie den Vorgang – einige Male oder auch öfter.

Merkwürdige Wiederholungen. Oder: Der Montessori-Effekt

Besonders beeindruckt war Maria Montessori, als sie beobachtete,
wie ein Kind mit unglaublicher Konzentration ein und denselben
Vorgang immer wiederholte. Sie schreibt darüber:

«Die erste Erscheinung, die meine Aufmerksamkeit auf sich zog,
zeigte sich bei einem etwa dreijährigen Mädchen, das damit beschäftigt war, die Serie unserer Holzzylinder in die entsprechenden
Öffnungen zu stecken und wieder herauszunehmen.»

Maria Montessori beschreibt dann diese Zylinder, die schon damals die Form hatten wie die, die heute in Gebrauch sind und die
wir auf S. 112 beschreiben.

Die Pädagogin war erstaunt, daß das Kind diese Tätigkeit mit
großer Konzentration wieder und wieder wiederholte.

«Dabei war keinerlei Fortschritt in der Schnelligkeit und Genauigkeit der Ausführung feststellbar. Alles ging in einer Art unablässi-
ger, gleichmäßiger Bewegung vor sich.» (Montessori, *Kinder sind
anders*, S. 165)

Maria Montessori begann nicht nur die Wiederholungen zu zählen, sondern wollte auch «feststellen, bis zu welchem Punkt die
eigentümliche Konzentration der Kleinen gehe, und ich ersuchte
daher die Lehrerin, alle übrigen Kinder singen und herumlaufen zu
lassen. Das geschah auch, ohne daß das kleine Mädchen sich in seiner Tätigkeit hätte stören lassen. Darauf ergriff ich vorsichtig das
Sesselchen, auf dem die Kleine saß, und stellte es mitsamt dem
Kinde auf einen Tisch. Die Kleine hatte mit rascher Bewegung ihre
Zylinder an sich genommen und machte nun, das Material auf den
Knien, ihre Übung unbeirrt weiter. Seit ich zu zählen begonnen

hatte, hatte die Kleine ihre Übung zweiundvierzigmal wiederholt. Jetzt hielt sie inne, so als erwachte sie aus einem Traum, und lächelte mit dem Ausdruck eines glücklichen Menschen. Ihre leuchtenden Augen sahen vergnügt in die Runde. Offenbar hatte sie alle jene Manöver, die sie hätten ablenken sollen, überhaupt nicht bemerkt. Jetzt aber, ohne jeden äußeren Grund, war ihre Arbeit beendet. Was war beendet, und warum?» (Ebenda)

Heiland, ein Pädagoge, der eine sehr lesenswerte Biographie der Maria Montessori herausgegeben hat, zählt fünf Bücher von Montessori auf, in denen sie diese Geschichte erzählt. Sie ist, wie er schreibt, als «Montessori-Phänomen» in die Geschichte der Pädagogik eingegangen (Heiland, S. 44).

In *Kinder sind anders* schreibt sie: «Ähnliche Vorfälle wiederholten sich, und jedesmal gingen die Kinder daraus wie erfrischt und ausgeruht, voll Lebenskraft und mit dem Gesichtsausdruck von Menschen hervor, die eine große Freude erlebt haben.

Die Fälle einer solchen beinahe bis zur völligen Abschließung von der Außenwelt gehenden Konzentration bildeten nicht die Regel. Doch ich bemerkte bald eine seltsame Verhaltensweise bei allen Kindern, die ungefähr gleichmäßig auch bei jeder Übung auftrat. Es ist ein Wesenszug kindlicher Betätigung. Ich habe ihn später ‹Wiederholung der Übungen› genannt.» (Montessori, *Kinder sind anders*, S. 166; die Übersetzung haben wir zur besseren Verständlichkeit leicht modifiziert. H. B. / H. S.)

Ein anderer genialer Kindermensch unseres Jahrhunderts, Jean Piaget, hat uns geholfen, diese Wiederholung der Übungen besser zu verstehen (s. S. 86).

Aneignung der Wirklichkeit

Diese von keinem Lehrer verordneten, von allein ablaufenden Wiederholungen sind ein Teil jener *Tätigkeit*, in deren Verlauf Kinder sich die Struktur der äußeren Wirklichkeit aneignen.

Wir haben in dieser Geschichte die wesentlichen Elemente dessen beieinander, was den Aufbau, die Entwicklung der Intelligenz im Kindesalter ausmacht:

– das freie Kind, das sich unbeeinflußt den Dingen in seiner
– Umgebung zuwenden kann (daß diese eine *vorbereitete Umgebung* ist, ist zunächst zweitrangig),
– wo es für sich die Dinge auswählt, die für es neu, aber nicht zu neu sind,
und sich mit ihnen ohne dirigistisches Eingreifen Dritter so lange beschäftigt,
– bis das Bedürfnis gestillt ist, das es dazu angetrieben hat.

Maria Montessori hat zwar versucht, das Kind abzulenken, ja, es zu stören, aber es hat die Aneignungstätigkeit des Mädchens nicht dadurch unterbrochen, daß sie ihm *befohlen* hätte aufzuhören, was andere Erwachsene leider häufig, ja fast regelmäßig tun.

Wenn Erwachsene ein Kind bei solchen Wiederholungen beobachten, beschleicht sie ein Unbehagen. Sie haben das Gefühl, Unnormalität, Verrücktheit zu beobachten. Sie beseitigen diese ihnen so unangenehme Empfindung, indem sie das Kind kategorisch auffordern, «mit diesem Quatsch» sofort aufzuhören. «Was soll denn das? Bist du irre geworden?»

So erleben viele Kinder die von den Dingen ausgehende Aufforderung, sich mit ihnen zu beschäftigen und sich ihre Strukturen anzueignen, als gefährlich, die Erwachsenen belastend. Da läßt man – im wahrsten Sinne des Wortes – besser die Finger davon.

Indem Maria Montessori solche Barrieren abbaute, war die wichtigste Voraussetzung für die stürmische Entwicklung von Intelligenz, Selbstbewußtsein, Verantwortungsgefühl und Persönlichkeit bei den Kindern gegeben, die zu der unglaublichen Anziehungskraft der Kinderhäuser zunächst in Rom, dann in Italien und zum Schluß auf der ganzen Welt geführt hat.

Die Arbeit im Kinderhaus war auch für Maria Montessori eine unglaublich fruchtbare Zeit. So gibt es aus dieser Zeit noch viele weitere Geschichten, die sie berichtet, die sich auf ihre Arbeit und ihr Konzept fruchtbar ausgewirkt haben.

Freie Wahl und Ordnung

In der ersten Zeit im Kinderhaus wurde das Unterrichtsmaterial von der Lehrerin verteilt, und sie räumte es am Ende der Betreuungszeit auch wieder fort. Wenn sie die Sachen verteilte und wenn sie sie wieder einräumte, kamen die Kinder von ihren Plätzen und umdrängten die Lehrerin. Und diese vermochte es nicht, die Kinder auf Distanz zu halten, weshalb sie sich bei Maria Montessori beschwerte, die Kinder seien «ungehorsam».

«Als ich mir die Sache selbst ansah, begriff ich, daß die Kinder den Wunsch hatten, die Gegenstände selber wieder an ihren Platz zu bringen, und ich ließ sie gewähren. Das führte zu einer Art von neuem Leben: die Gegenstände in Ordnung zu bringen, Unordnung zu beheben, erwies sich als ungemein anziehende Beschäftigung.»

Eines Tages kam die Lehrerin zu spät. Zudem hatte sie tags zuvor vergessen, den Schrank mit den Lehrmitteln abzuschließen. Die Kinder drängten sich vor der geöffneten Schatzkiste und waren fleißig dabei, sich zu bedienen. Einige von ihnen hatten bestimmte Gegenstände ergriffen und fortgetragen.

Montessori: «Dieses Verhalten erschien der Lehrerin als Ausdruck diebischer Instinkte. Sie meinte, Kinder, die Dinge wegtragen, die es an Respekt gegenüber der Schule und der Lehrerin fehlen lassen, müßten mit Strenge und moralischen Ermahnungen behandelt werden. Ich hingegen glaubte die Sache so deuten zu sollen, daß die Kinder diese Gegenstände nun bereits gut genug kannten, um selber ihre Wahl unter ihnen treffen zu können.» (Montessori, *Kinder sind anders*, S. 168/169)

Hier lag der Anfang zweier wichtiger Prinzipien der Montessori-Pädagogik: die freie Wahl und die selbsttätige Wiederherstellung der Ordnung nach der Arbeit.

Lassen wir Maria Montessori selbst zu Wort kommen: «Damit begann eine lebhafte und interessante Tätigkeit. Die Kinder legten verschiedene Wünsche an den Tag und wählten dementsprechend ihre Beschäftigungen.

... Aus dieser freien Wahl haben sich allerlei Beobachtungen über die Tendenzen und seelischen Bedürfnisse der Kinder ergeben.

Eines der ersten interessanten Ergebnisse bestand darin, daß die Kinder sich nicht für das ganze von mir vorbereitete Material interessierten, sondern nur für einzelne Stücke daraus. Mehr oder weniger wählten sie alle dasselbe: einige Objekte wurden sichtlich bevorzugt, während andere unberührt liegenblieben und allmählich verstaubten.

Ich zeigte den Kindern das gesamte Material und sorgte dafür, daß die Lehrerin ihnen den Gebrauch eines jeden Stückes genau erklärte; aber gewisse Gegenstände wurden von ihnen nicht wieder freiwillig zur Hand genommen.» (Montessori, *Kinder sind anders*, S. 169)

Aufgrund dieser Erfahrungen hat Maria Montessori den Schluß gezogen, niedrige Schränke einzuführen, «in denen das Material in Reichweite der Kinder und zu deren Verfügung bleibt, so daß sie es gemäß ihren inneren Bedürfnissen selber wählen können. So fügte sich an den Grundsatz der Wiederholung der Übungen der weitere Grundsatz der freien Wahl».

Dieser Grundsatz ist – wie wir das sehen und wie es durch die moderne Lernpsychologie gestützt wird – einer der Grundpfeiler des montessorischen Systems.

Verführung zur Stille

Eines Tages hatte Maria Montessori im Hof eine Frau getroffen, die ein vier Monate altes Mädchen hatte. Maria Montessori war entzückt und nahm der Mutter das Kind für einen Augenblick ab, um es in die Klasse mitzunehmen und den Kindern zu zeigen. Sie berichtet darüber:

«Die Stille dieses Geschöpfes machte mir großen Eindruck, und ich suchte mein Gefühl auch den Kindern mitzuteilen. ‹Es macht gar keinen Lärm›, sagte ich, und scherzend fügte ich hinzu: ‹Niemand von euch könnte ebenso still sein.›»

Hier zeigt sich die geschickte Pädagogin und Menschen(ver)führerin. Sie forderte die Kinder nicht auf, nachzumachen, was das Baby hier vormachte.

Mit ihrer Unterstellung forderte sie die Kinder heraus, sie traf die

Kinder offensichtlich genau an der richtigen Stelle. Die Frau mit dem Baby auf dem Arm beobachtete, daß sich der Kinder eine «*intensive Spannung*» bemächtigte.

«Es war, als hingen sie an meinen Lippen und fühlten aufs tiefste, was ich sagte. ‹Sein Atem geht ganz leise›, fuhr ich fort. ‹Niemand von euch könnte so leise atmen.›»

Die erneute Unterstellung verstärkte offensichtlich die schon aufgebaute große Herausforderung. Die Kinder hielten den Atem an.

«Eine eindrucksvolle Stille verbreitete sich in diesem Augenblick. Man hörte plötzlich das Ticktack der Uhr, das sonst nie vernehmbar war.»

Man sollte erwähnen, daß Maria Montessori jedes Jahr vierzehn Tage zum Meditieren in ein Kloster ging, um Kraft für ihre so aufreibende Tätigkeit zu schöpfen.

So verstand sie, was sich hier «kundgab», als eine «innere Übereinstimmung, geboren aus einem tief inneren Wunsch».

Sie beobachtete, daß die Kinder regungslos saßen, ihre Atemzüge beherrschten und dabei doch heiter angespannte Züge hatten, so, als seien sie in *Meditation* versunken. «Inmitten der eindrucksvollen Stille wurden allmählich selbst die schwächsten Geräusche vernehmbar, das ferne Tropfen von Wasser, das Zirpen eines Vogels draußen im Garten. Auf diese Weise entstand unsere kleine ‹Übung der Stille›.» (Montessori, *Kinder sind anders*, S. 172 / 173)

Könnte man den Unterschied zwischen der Herausforderung guter Kräfte in den Kindern und pädagogischem Dirigismus sinnfälliger deutlich machen?

Wer es noch nicht glaubt, der fordere doch mal eine Gruppe von Kindern auf: «Seit jetzt alle mal still!» Und ein anderes Mal probiere er die Herausforderung der Kräfte der Kinder in der Weise, wie wir es soeben in einer immerhin schon fast hundert Jahre alten Geschichte gehört haben.

Maria Montessori hatte die Kinder ständig im Auge, beobachtete ihr Verhalten und versuchte, daraus ihre Bedürfnisse zu erschließen. Als sie einmal beobachtete, daß die Kinder, wenn sie müde waren, lieber auf einer Stange herumrutschten als sich zum Ausruhen hinzusetzen, erfand sie ein neues Turngerät: parallele Stangen auf senkrechten Stützen, auf denen die Kinder noch besser und komfortabler herumrutschen konnten. Es war eines von vielen Turngeräten, die sie sich ausdachte, um den von ihr beobachteten Bedürfnissen und auch «Erfindungen» der Kinder Möglichkeiten zum Ausagieren zu verschaffen.

Maria Montessoris Arbeit – betonen wir: wissenschaftliche Arbeit – bestand darin, mit immer wacher Aufmerksamkeit das Verhalten der Kinder wahrzunehmen, es zu «verstehen», d. h. die darin zum Ausdruck kommenden Bedürfnisse zu identifizieren, um aus dieser Interpretation heraus Möglichkeiten zu schaffen, damit sich die Bedürfnisse der Kinder optimal entfalten können.

Ein solches Verhalten gegenüber Kindern wie gegenüber Menschen generell ist nach wie vor die Grundlage jeglicher wissenschaftlichen pädagogischen Forschung. Statistische Erhebungen und Aussagen können nur verstanden und richtig gedeutet werden, wenn die Forscherinnen und Forscher dem vorausgehend genaue Kenntnisse über das konkrete Verhalten von Kindern in unserer Welt, einfühlsames Verständnis für ihre Probleme und Bedürfnisse gewonnen und sich erarbeitet haben.

Die Welt hat sich verändert, und selbstverständlich können auch neue Materialien für die geistige Entwicklung der Kinder erfunden werden. Das heißt aber keinesfalls, daß die Zylinder, die das Kind in die verschieden großen Löcher eines Holzblocks steckt, nicht heute noch genau denselben wichtigen Wert für die Aneignung der Wirklichkeit und für die Entwicklung von intelligenten Strukturen haben, wie sie ihn schon vor hundert Jahren bei Maria Montessori oder vor hundertfünfzig Jahren bei Séguin hatten.

Diese Dinge veralten nicht.

Die wissenschaftliche Haltung Maria Montessoris ist durchgän-
44 gig. Sie betont immer wieder, daß kindliches Verhalten stets Ursa-

chen hat, die man verstehen kann, und sie verurteilt scharf die häufig anzutreffende Neigung Erwachsener, kindliches Verhalten, das sie nicht verstehen, als «Launen» abzutun. So schreibt sie in *Kinder sind anders* im Kapitel über die Intelligenz:

«Man sollte bedenken, daß alles, was ein Kind tut, eine rationale Ursache hat, die entzifferbar ist. Es gibt kein Phänomen, das nicht seine Motive, seine Daseinsberechtigung besäße. Es ist sehr einfach, über jede unverständliche Reaktion, jedes schwierige Betragen des Kindes mit der Erklärung hinwegzugehen: ‹Launen!› Diese Laune sollte für uns die Wichtigkeit einer zu lösenden Aufgabe, eines zu entziffernden Rätsels annehmen. Das ist gewiß schwierig, aber auch äußerst interessant; vor allem aber bedeutet es eine neue und höhere sittliche Haltung des Erwachsenen und macht aus ihm einen Forscher anstelle des blinden Bändigers, des tyrannischen Richters, der er dem Kinde gegenüber für gewöhnlich ist.» (Montessori, *Kinder sind anders*, S. 102)

Selbstbewußtsein und Verantwortung

Drei Monate nach der Eröffnung der ersten Casa dei Bambini wurde in einem anderen Mietshaus in San Lorenzo das zweite Kinderhaus eröffnet.

Schon nach so kurzer Zeit hatte ein pädagogiktouristischer Run auf diese Armenschulen eingesetzt.

Hierher paßt folgende schöne Geschichte: «Eines Tages wollte die Tochter unseres Ministerpräsidenten den Botschafter der Argentinischen Republik bei einem Besuch unseres ‹Kinderhauses› begleiten. Der Botschafter hatte sich ausgebeten, daß der Besuch nicht vorher angekündigt werde, damit er die vielgerühmte Unbefangenheit der Kinder aus eigenem Augenschein kennenlernen könne. Als er jedoch an Ort und Stelle ankam, mußte er hören, daß gerade ein schulfreier Tag und die Schule geschlossen sei. Im Hof des Hauses standen einige Kinder, die sogleich näherkamen. ‹Das macht nichts, daß schulfrei ist›, sagte ein kleiner Junge mit größter Natürlichkeit, ‹wir wohnen ja alle hier, und die Schlüssel hat der Hausmeister.› Sogleich machten sie sich zu schaffen, riefen ihre Kameraden zusammen, ließen das Schulzimmer aufschließen und fingen allesamt zu arbeiten an. So wurde die wunderbare Spontaneität ihres Verhaltens bei dieser Gelegenheit in unbestreitbarer Weise offenbar.» (Montessori, *Kinder sind anders*, S. 179)

Aber zeigt diese Geschichte nicht auch, wieviel Selbstbewußtsein und Verantwortungsgefühl sich in so kurzer Zeit bei den Kindern entwickelt hatte und die vielgepriesene Unbefangenheit erst ins richtige Licht zu setzen vermochte?

Lesen lernen

In diese Zeit fällt auch der Beginn des Unterrichts im Schreiben und Lesen.

Wie Maria Montessori berichtet, kam eines Tages eine Abordnung von einigen Müttern zu ihr und bat sie, den Kindern Lesen und Schreiben beizubringen. Der Hintergrund: Sie waren Analphabetinnen und stolz auf die Entwicklung ihrer Kinder. Maria Montessori war zunächst wenig begeistert und lehnte ab. Die Mütter baten aber beharrlich weiter.

Maria Montessori ließ sich erweichen und von der Lehrerin Buchstaben aus Karton und Schmirgelpapier ausschneiden. Auf dem Schmirgelpapier konnten die Kinder die Form der Buchstaben besonders gut mit den Fingerspitzen nachfühlen.

Dann legte sie Tabellen an, in denen sie die Buchstaben nach ihrer Ähnlichkeit kopierte. Es war ihr wichtig, daß die Bewegung der tastenden Kinderhände möglichst gleichförmig sein sollte.

Die Kinder waren begeistert.

In *Kinder sind anders* beschreibt sie das so: «Was wir nicht begriffen, war die Begeisterung der Kinder. Sie veranstalteten richtige Prozessionen, trugen dabei die ausgeschnittenen Buchstaben wie Standarten voran und stießen Freudenschreie aus. Warum?»

Montessori läßt diese Frage offen. Sie fordert aber – fast hundert Jahre danach – doch zu einer Antwort heraus, wie sie die große Pädagogin damals wahrscheinlich genauso gegeben hätte.

Den Kindern war vielleicht *nicht bewußt*, aber sie empfanden sicher ganz stark, daß diese Buchstaben sie nicht nur über das Bildungsniveau ihrer Eltern hinaushoben, sondern daß sie damit geradezu in einen «Himmel» gelangten.

Maria Montessori hatte die Lehrerin vergattert, die Buchstaben nur immer mit ihrem Lautwert zu benennen und nicht mit dem Namen. Auch sie selbst verhielt sich konsequent so.

Dieses der Sprachrealität angepaßte Benennen der Buchstaben gehörte sozusagen zu der «vorbereiteten Umgebung».

So ist es nicht überraschend, daß die Kinder in gar nicht langer Zeit lernten, *Wörter in Buchstaben zu zerlegen.*

Maria Montessori berichtet, wie sie einmal einen kleinen Jungen dabei beobachtete, der im Gehen vor sich hin sprach: «*Für Sofia braucht man ein S, ein O, ein F, ein I und ein A.*» Und sie kommentierte: «*Mit dem tiefen Interesse eines Menschen, der eine wichtige Entdeckung gemacht hat, hatte er festgestellt, daß jeder dieser Laute einem Buchstaben des Alphabets entsprach.*» (Montessori, *Kinder sind anders*, S. 183 / 184)

Und von heute aus können wir hinzufügen: Das von Maria Montessori konstatierte «tiefe Interesse» rührte mit Gewißheit nicht nur von dem Bedürfnis her, sich mit den Wörtern zu beschäftigen, SOFIA war mit ganz großer Sicherheit eine im Leben des Jungen ganz wichtige Person, mit der er sich so auf eine ganz eigene Weise beschäftigen konnte.

Dieses – das Lesenlernen mit ganz wichtigen Wörtern zu beginnen – ist ja ein Prinzip der Alphabetisierungskampagnen des großen Pädagogen Paolo Freire in den Armenvierteln der südamerikanischen Metropolen und auf dem flachen Lande, wo er mit Erwachsenen arbeitete, bei denen er Erfolge erzielte, welche nicht nur in der pädagogischen Welt Aufsehen erregten.

Spontanes Schreiben

Es kam, was kommen mußte, es kam unerwartet. Maria Montessori war ziemlich perplex, als sich «in unserem ‹Kinderhaus› das größte Ereignis seiner Geschichte abspielte. Eines Tages nämlich begann ein Kind zu schreiben. Es war darüber selber dermaßen erstaunt, daß es laut zu rufen begann: ‹Ich hab geschrieben! Ich hab geschrieben!›

Und die anderen Kinder liefen herbei, umdrängten das erste und bestaunten die Worte, die dieses mit einem Stückchen weißer Kreide auf den Fußboden geschrieben hatte. ‹Ich auch! Ich auch!› riefen andere und liefen davon. Sie suchten nach Schreibmaterial, einige drängten sich um die Klassentafel, andere streckten sich der Länge nach auf dem Boden aus, und so brach die geschriebene Sprache in einer Art Explosion hervor ... Sie schrieben überall, auf die Türen, auf die Mauern und sogar daheim auf die Brotlaibe. Sie waren etwa vier Jahre alt. Dieses Aufbrechen des Schreibvermögens vollzog sich als unerwartetes Ereignis. Die Lehrerin sagte mir etwa: ‹Dieser Junge hat gestern um drei Uhr zu schreiben begonnen.›» (Montessori, *Kinder sind anders*, S. 184 / 185)

Zur Verblüffung der Erwachsenen interessierten sich die Kinder aber nicht für Bücher, die sie, nachdem auch andere von dieser Explosion des Schreibenkönnens gehört hatten, in die Einrichtung brachten. Die Kinder lasen nicht. Montessori: «So räumten wir alle Bücher wieder weg und warteten auf günstigere Zeiten. ... Erst etwa sechs Monate später begannen sie zu begreifen, was Lesen bedeutete, und auch dann nur in Verbindung mit dem Schreiben. Die Kinder mußten mit den Augen die Bewegung meiner Hand verfolgen, wenn ich Zeichen auf das weiße Papier schrieb, um sich die Vorstellung anzueignen, daß ich auf diese Weise meine Gedanken ausdrückte, ganz so, als ob ich spräche. Kaum aber war ihnen dies klar geworden, da bemächtigten sie sich der Blätter, auf denen ich geschrieben hatte, zogen sich damit in irgendeinen stillen Winkel zurück und versuchten zu lesen, im Geist, ohne einen einzigen Laut hervorzubringen. Wenn sie begriffen hatten, so sah man das an dem Lächeln, das sich über ihre vor Anstrengung verkrampften Gesichtchen breitete.» (A. a. O., S. 185 / 186)

In dieser Geschichte erkennen wir konkret, was wir bei dem Jungen mit seiner SOFIA unterstellt (und mit Paolo Freire unterfüttert) hatten: Ob Schreiben oder Lesen – es muß etwas Wichtiges sein, damit das Kind sich damit beschäftigt. Die heißgeliebte Lehrerin schrieb ihnen sozusagen Briefe – im übrigen eine Methode, wie sie von einigen Lehrerinnen und Lehrern in der Grundschule wieder verwendet wird (Sennlaub, S. 64).

Die vorbereitete Umgebung

Der Begriff der vorbereiteten Umgebung zieht die Summe aus den Erfahrungen und Erkenntnissen der Maria Montessori.

In *Kinder sind anders* schreibt sie:

«Für eine erfolgreiche Erziehungsarbeit ist es ... erforderlich, zunächst einmal Umweltbedingungen herzustellen, die das Aufblühen der verborgenen normalen seelischen Eigenschaften begünstigen. Zu diesem Zweck genügt es, Hindernisse hinwegzuräumen, und dies muß denn auch der erste Schritt und das Fundament der Erziehung sein.» (Montessori, *Kinder sind anders*, S. 191 / 192)

Sie untersucht dann die Bedingungen, unter denen die Kinder in der Casa dei Bambini «so überraschend aufblühten».

Sie benennt folgende Faktoren als besonders bedeutend:

1. die «angenehme Umgebung ... einen weißen, sauberen Raum ... und im Hof sonnige Rasenflächen»: Dabei würdigt Maria Montessori, daß die Kinder aus «elenden Behausungen» kamen.
2. den Umstand, daß – damals ein Novum in der Erziehungsgeschichte – das Mobiliar eigens auf die Bedürfnisse der Kinder zugeschnitten war: «... mit neuen Tischchen, eigens für sie gezimmerten kleinen Sesseln und Stühlen».
3. eine «Umgebung, in der die Kinder keine Beschränkungen empfanden».
4. «Ein weiterer Faktor bestand in gewissen negativen Eigenschaften der Erwachsenen: die Eltern dieser Kinder konnten nicht lesen und schreiben, die Lehrerin war eine Arbeiterin ohne Ehrgeiz und Vorurteile. Man könnte diese Situation als einen Zustand von ‹intellektueller Ruhe› bezeichnen.» (A. a. O., S. 192)
5. «Bemerkenswert war schließlich die Tatsache, daß den Kindern hier ein geeignetes, anziehendes, für die Erziehung der Sinne förderliches Material zur Verfügung gestellt werden konnte, das ihnen eine Analyse und Verfeinerung ihrer Bewegungen gestattete und eine Konzentration der Aufmerksamkeit bewirkte, die niemals erzielt werden kann, wenn ein mündlicher Unterricht sich bemüht, von außen her die Energie der Kinder wachzurufen.» (A. a. O., S. 192 / 193)

Und sie fügt an: «Wir fassen zusammen: Eine geeignete Umgebung, eine demütige Lehrperson und wissenschaftliches Material – das waren die drei wichtigsten äußeren Gegebenheiten.» (Montessori, *Kinder sind anders*, S. 193)

Mit diesen drei Faktoren ist das beschrieben, was unter der «vorbereiteten Umgebung» zu verstehen ist.

Immer wieder hat Maria Montessori betont, daß ein ganz wichtiger Bestandteil dieser für die Entwicklung und das Aufblühen der Kinder so wichtigen «vorbereiteten Umgebung» die «demütige Lehrperson» ist.

Lob und Strafe

Es ist selbstverständlich, daß die Lehrerin die Kinder in der *Casa dei Bambini* auch durch Loben und Strafen zu lenken suchte.

«Als ich einmal die Schule betrat, sah ich einen kleinen Jungen mitten im Zimmer ganz allein und untätig auf seinem Stühlchen sitzen. Auf der Brust trug er das von der Lehrerin für Belohnungen angefertigte pompöse Goldkreuz. Von der Lehrerin erfuhr ich, daß der Junge zur Strafe dort sitze. Kurz vorher hatte die Lehrerin einen anderen Jungen belohnt und ihm die Dekoration umgehängt. Der also Ausgezeichnete aber hatte das Kreuz im Vorbeigehen dem Bestraften übergeben, so, als handelte es sich um etwas Nutzloses und Hinderliches für ihn, der doch arbeiten wollte.

Der bestrafte Junge sah das Ding an seiner Brust gleichgültig an und blickte ruhig um sich, so, als sei er sich der Strafe überhaupt nicht bewußt. Das ganze System der Belohnungen und Strafen war mit diesem einen Vorfall eigentlich bereits erledigt. Wir wollten jedoch noch längere Beobachtungen anstellen, und in sehr langer Erfahrung fanden wir eine so beharrliche Wiederholung derselben Reaktion, daß die Lehrerin sich schließlich geradezu schämte, Kinder belohnen oder strafen zu sollen, die gegen das eine genauso gleichgültig blieben wie gegen das andere.

Von da an gab es bei uns keine Belohnungen und keine Strafen mehr. Was uns aber bis dahin am meisten überraschte, war die Häufigkeit, mit der die Kinder Belohnungen zurückwiesen. Offenbar war in ihnen ein Bewußtsein und Gefühl der Würde erwacht, das sie vorher nicht gekannt hatten.» (Montessori, *Kinder sind anders*, S. 171)

Disziplin

Die *Casa dei Bambini* war – wie wir hörten – eingerichtet worden, um eine Gruppe von Kindern aus dem Verkehr zu ziehen, welche die Renovierungsarbeiten im Viertel San Lorenzo störten. Und zunächst ging es in der Gruppe auch ganz schön drunter und drüber.

Standing schreibt von der wunderbaren Wandlung dieser Kinder in wenigen Wochen: «Die so gewandelten Kinder bewegten sich ruhig und gesittet in ihrer kleinen Welt, beschäftigten sich jedes mit seiner eigenen Aufgabe, ohne seine Gefährten zu stören ... . Ihre körperlichen Bewegungen wurden harmonischer und sogar ihr Gesichtsausdruck entspannt und vergnügt.» (Standing, S. 34)

Und Maria Montessori: «So gelöst und unbefangen sich unsere Kinder auch betrugen, so machten sie zusammen doch den Eindruck außerordentlicher Diszipliniertheit. Sie arbeiteten ruhig, jedes ganz mit seiner eigenen Aufgabe beschäftigt. Leichten Schrittes gingen sie hin und her, um ihr Material auszutauschen und ihre Arbeiten in Ordnung zu bringen. Sie verließen das Klassenzimmer, warfen einen Blick in den Hof und kamen sogleich wieder. Die Wünsche der Lehrerin wurden mit erstaunlicher Schnelligkeit ausgeführt. Die Lehrerin erklärte: Die Kinder tun alles, was ich sage, so daß ich bei jedem Wort, das ich ausspreche, bereits ein Gefühl der Verantwortung habe.» (Montessori, *Kinder sind anders*, S. 181)

Obwohl sie auf die Lehrerin mit «Gehorsam» reagierten, gestalteten sie «ihre Zeit und ihren Tag nach eigenem Ermessen».

Das war und ist nur möglich, weil sich die Erzieherinnen in den Montessori-Einrichtungen im Hinblick auf Wünsche und Anordnungen an die Kinder größter Zurückhaltung befleißigen und solche Wünsche und Anordnungen nur im Bewußtsein großer Verantwortung von sich geben. Dies ist auch der Grund, warum die Kinder darauf in der geschilderten Weise positiv reagieren.

Lassen wir noch einmal Maria Montessori zu Worte kommen:

Maria Montessori 1933: Nachdem der «Duce», den sie als sozial engagierten jungen Mann bei einem Projekt in Mailand kennengelernt hatte, ihre Methode in Italien förderte, erhielt sie auch von Adolf Hitler eine Einladung. Zu beiden «Führern» ging die politisch wache Pädagogin auf Distanz.

«Sie nahmen sich selber die Gegenstände, mit denen sie sich beschäftigen wollten, brachten das Schulzimmer in Ordnung, und wenn die Lehrerin sich verspätete oder fortging und die Kinder allein ließ, ging alles ebenso gut vor sich. Auf alle Beobachter übte gerade dies die hauptsächlichste Anziehung aus: das gleichzeitige Zusammenbestehen von Ordnung, Disziplin und Spontaneität. Woher stammte diese vollkommene Disziplin, die noch im tiefen Schweigen vibrierte, dieser Gehorsam, der im voraus erriet, was er ausführen sollte?

Die Ruhe in den Klassen, in denen die Kinder an der Arbeit waren, wirkte erstaunlich und ergreifend. *Niemand hatte sie angeordnet, ja es wäre nie möglich gewesen, sie von außen her zu erzielen.*» (Montessori, *Kinder sind anders*, S. 181)

Die Lehrerpersönlichkeit

«Auch die Figur des Lehrers in unserer Methode stellte eine Neuerung dar, die viel Interesse und Diskussionen hervorgerufen hat: Wir sprechen von dem passiven Lehrer, der sich bemüht, das Hindernis beiseitezuräumen, das seine eigene Tätigkeit und Autorität darstellen könnte, und der somit bewirkt, daß das Kind von sich aus tätig werden kann. Wir meinen den Lehrer, der erst dann zufrieden ist, wenn er sieht, wie das Kind ganz aus sich heraus handelt und Fortschritte macht und der nicht selbst das Verdienst dafür in Anspruch nimmt.» (Montessori, *Kinder sind anders*, S. 155)

Maria Montessori stellt an Ausbildung und Persönlichkeit der Pädagogen und Pädagoginnen die allerhöchsten Ansprüche. Es genügt ihr keineswegs, daß die Aspiranten sich mit der Methode vertraut machen.

«In allererster Linie ist für ihn eine klare innere Haltung erforderlich . . . .

Er muß mit Beharrlichkeit und Methode sich selber studieren, damit es ihm gelingt, seine hartnäckigsten Mängel zu beseitigen, eben die, die seiner Beziehung zum Kinde hinderlich sind.» (A. a. O., S. 208)

Sie bemängelt, daß Lehrer im allgemeinen zu sehr darauf aus sind, «gewisse Fehlerhaftigkeiten» des Kindes auszugleichen, … «wo er doch zunächst einmal den eigenen Fehlern und üblen Neigungen nachgehen müßte.» (Ebenda)

Sie kennt auch die Sünde der Hoffart und des Perfektionismus, die im Umgang mit Kindern leicht ins Gegenteil umschlägt:

«Um Erzieher zu werden, braucht man nicht ‹vollkommen› und von Schwächen frei zu sein. Einer, der unablässig nach dem Weg zur Hebung seines inneren Lebens sucht, braucht noch lange nicht der Fehler innezuwerden, die ihm ein rechtes Verstehen des Kindes unmöglich machen.» (Ebenda)

Ihre Hilfe für die Lehrer besteht darin, daß «wir ihnen zeigen, welche innere Haltung ihrer Aufgabe am angemessensten ist».

Als «Haupt- und Todsünde, die uns beherrscht und uns den Weg zum Verständnis des Kindes versperrt», nennt sie den Zorn, in dessen Gefolge eine «weitere Sünde» auftritt, «die auf den ersten Blick edel erscheinen mag, in Wirklichkeit aber teuflisch ist: der Hochmut» (ebenda).

Unsere üblen Neigungen können auf zweifache Weise korrigiert werden: innerlich dadurch, daß der Mensch seine Fehler klar erkennt und sie bekämpft; von außen her aber dadurch, daß die Äußerung unserer üblen Neigungen auf Widerstand stößt. … Die sozialen Beziehungen dienen der Aufrechterhaltung unseres inneren Gleichgewichts.» (Montessori, *Kinder sind anders*, S. 209)

Und wie soll der Lehrer erreichen, daß er Stolz und Zorn zügeln kann?

Maria Montessori verweist darauf, daß die Kinder «unfähig sind, sich zu verteidigen und uns zu verstehen, und ... alles hinnehmen, was ihnen gesagt wird. Nicht allein, daß sie Beleidigungen hinnehmen, sie fühlen sich auch in allem schuldig, was wir ihnen vorwerfen.» (A. a. O., S. 211)

Aber genau darin sieht sie auch die Chance für den Lehrer:

«Der Lehrer sollte sich genauestens überlegen, was für Folgerungen aus dieser seelischen Lage des Kindes zu ziehen sind. Das Kind faßt eine Ungerechtigkeit nicht mit dem Verstand auf, aber es fühlt sie im Geist und wird niedergedrückt und innerlich verbogen. Reaktionen wie Schüchternheit, Lüge, Launenhaftigkeit, Weinen ohne sichtbaren Grund, Schlaflosigkeit, übertriebene Furcht stellen einen unbewußten Abwehrzustand des Kindes dar, dessen Verstand die tieferen Ursachen dafür in seinen Beziehungen zum Erwachsenen noch nicht zu durchblicken vermag.» (Ebenda)

Die innere Vorbereitung verlangt vom Lehrer ständige Selbstprüfung, die Bewältigung von Zorn und Stolz und den Verzicht auf jegliche Tyrannei gegenüber den Kindern.

«Dies soll andererseits natürlich nicht heißen, daß alle Handlungen des Kindes zu billigen seien, noch daß man jede Beurteilung unterlassen solle, und auch nicht, daß die Entwicklung von Verstand und Gefühl zu vernachlässigen sei ... Doch ist ein Akt der Demut notwendig.» (Ebenda)

Welches ist nun die Rolle der Lehrerin, für die sie derart vorbereitet sein soll?

Nun, sie sorgt für den äußeren Rahmen, führt neue Kinder ein, beobachtet die Kinder, schaut, wie sie weiterkommen; wenn sie glaubt, daß sie bereit sind, etwas Neues anzufangen, fragt sie sie, ob sie es ihnen vorführen kann, und gegebenenfalls zeigt sie ihnen, wie das jeweilige Material zu handhaben ist.

Am Anfang allerdings, wenn sie mit einer neuen Gruppe zu tun

hat, empfiehlt Maria Montessori der Erzieherin, daß sie sich mit

Maria Montessori mit ihrem Sohn Mario (geb. am 31. März 1898) im Jahre 1950, zwei Jahre vor ihrem Tode, bis zu dem sie auf Vortragsreisen, Tagungen und Kongressen unermüdlich für eine bessere Welt für die Kinder warb.

den Kindern «wie eine gewöhnliche Lehrerin» beschäftigen soll, z. B. Geschichten erzählen, Spiele spielen, gemeinsam singen etc., um die «Aufmerksamkeit der kleinen Wesen» auf sich zu konzentrieren, damit die Erzieherin durch ihre Persönlichkeit auf sie wirken kann. «Später wird sie dergleichen nicht mehr tun, denn je mehr einzelne Kinder von innen heraus eine ‹Berührung› mit dem Material finden, um so mehr werden sie sich von der Lehrerin ab- und dem Material zuwenden.» (Nach Standing, S. 39)

Der größte Unterschied zwischen einer «normalen» und einer Montessori-Erzieherin besteht wohl darin, daß die Montessori-Erzieherin weiß, daß die Kinder selber lernen – und es gar nicht anders geht.

Standing: «Jeder erfahrene Montessori-Lehrer weiß, wie oft er staunend festgestellt hat, was alles die Kinder unabhängig von ihm, ja ohne sein Wissen gelernt haben. In der natürlichen Atmosphäre der Montessori-Schule lernt immer eins vom andern, und Kinder, die das Material wirklich verstanden haben, sind oft bessere Lehrer als Erwachsene.» (A. a. O., S. 140)

Teil 2

Kapitel 3

Montessori und die moderne Psychologie

Mißverstanden und verbogen: ihrer Zeit zu weit voraus

Die Entdeckungen und die Erfindungen Maria Montessoris waren ihrer Zeit weit voraus, so weit, daß es für viele Menschen schwierig, um nicht zu sagen unmöglich war, sie sich im Sinne des Wortes anzueignen.

Viele erahnten oder erfühlten und erahnen oder erfühlen auch heute noch die Sinnhaftigkeit der Ansichten Maria Montessoris und ihrer Praxis.

Andere verfuhren und verfahren gemäß dem Grundsatz «An ihren Früchten sollt ihr sie erkennen» und ermessen daran, daß Montessoris Erkenntnisse und ihre praktische Umsetzung Sinn machen.

Und dann gab und gibt es diejenigen, die ganz einfach dem Charisma dieser großen Frau erliegen.

Realistischerweise muß man davon ausgehen, daß diese und andere Faktoren bei den meisten Anhängerinnen und Anhängern Maria Montessoris zusammengewirkt haben und zusammen wirken.

Wer sich eine Sache nicht wirklich aneignen kann, dem bleiben nur die Nachahmung und die Befolgung der Vorschriften. Und da war und ist es von großem Vorteil, daß die geniale Pädagogin außer Vorschriften (die ja fast immer auslegbar sind) eine Vielzahl an Materialien geschaffen hat, welche ihren Sinn sozusagen in sich tragen.

Sie haben sicher Entscheidendes dazu beigetragen, daß die montessorischen Einsichten sich bis in unsere Zeit erhalten haben.

Denn die Wahrheit ist, daß die meisten Erkenntnisse und Erfindungen Maria Montessoris auch unserer Zeit noch weit voraus sind.

Das führt dazu, daß viele sich an den Äußerlichkeiten orientieren, wenn sie sich mit Maria Montessori und ihrer Pädagogik beschäftigen. Und das führt leider des öfteren auch zu Mißverständnissen.

So auch bei der Biographin Rita Kramer. Sie schreibt beispielsweise am Ende ihres Kapitels über das Schreiben- und Lesenlernen: «Wenn diese Ereignisse und sogar die verwendeten Techniken heute vertraut klingen, so kommt es daher, daß sie seit langem von Schulsystemen auf der ganzen Welt übernommen und abgewandelt worden sind. Im Jahr 1907 waren sie umwälzend, und die Vier- und Fünfjährigen, die in weniger als zwei Monaten schreiben und danach in ein paar Tagen lesen lernten, erregten in der Welt Verwunderung.» (Kramer, S. 162)

Rita Kramer widerlegt sich in diesem kurzen Abschnitt wirklich überzeugend selbst.

Liebe Leserin, lieber Leser! Kommt es Ihnen «vertraut» vor, zu hören, daß Vier- und Fünfjährige in weniger als zwei Monaten schreiben und einige Monate später lesen lernen? Und das nur dadurch, daß ihnen in ihrer «vorbereiteten Umgebung» entsprechende Angebote – Buchstaben aus Sandpapier und Papier und «Briefe» ihrer Lehrerin – gemacht wurden und sie auf ihre Neugier und ihre Nachfragen ehrliche und zweckmäßige Reaktionen sowohl Erwachsener wie auch anderer Kinder erhielten?

Wir, die Autoren dieses Buches, kennen zwar einzelne Schulen und Einrichtungen, wo so etwas geschieht, aber wir wissen ebenfalls, daß solche Schulen und Einrichtungen auch heute noch die Ausnahme sind – auch im Land der unbegrenzten Möglichkeiten, den USA, wo z. B. die Armee und die Marine Spezialkurse für ihre Rekrutinnen und Rekruten einrichten, weil viele als funktionelle Analphabeten in ihren Dienst eintreten.

Halten wir fest: Weder die von Montessori entwickelten Materialien oder ihnen gleichwertige noch die von ihr gefundenen Methoden spielen im heutigen *öffentlichen* Bildungswesen außer in der einen oder andere Nische eine Rolle.

Warum? Weil man dort glaubt, der Vermittlung von Inhalten (die aber regelmäßig mißlingt) der Entwicklung von Intelligenz im weitesten Sinne des Wortes Vorrang einräumen zu müssen.

Wir halten es deshalb für sinnvoll und notwendig, die Erkenntnisse der Maria Montessori, ihre Vorschriften, ihre Methode und ihr Material auf den Prüfstand der modernen Lern- und Entwicklungspsychologie zu stellen.

Um das Ergebnis vorwegzunehmen: Was das Verständnis des *Lern-*

prozesses, was die *Beteiligung des Individuums* und seine Motivationen sowie die *vorbereitete Umgebung* angeht, haben moderne Forscher verschiedener Schulen Gesetzmäßigkeiten und Prinzipien «entdeckt», die Maria Montessori voll bestätigen. Montessori hat ihre Erkenntnisse durch präzise Beobachtung gefunden und mit Hilfe einer großen *intuitiven* Fähigkeit verstanden und verallgemeinert.

Daß diese Vorgehensweise notwendigerweise in einigen Fällen auch zu Ergebnissen geführt hat, die heute korrigiert oder zumindest in Frage gestellt werden müssen, mindert die Genialität ihrer Pädagogik nicht. Solche Korrekturen müssen da vorgenommen werden, wo Montessori die richtige Erkenntnis von den *sensiblen Phasen* auch auf Phänomene anwendet, welche kulturabhängig sind (s. z. B. Lesen und Schreiben, S. 74).

Die Psychologie des 20. Jahrhunderts hat uns im Verstehen des Lernens sehr viel weiter gebracht.

Dabei spielten vor allem der Schweizer Forscher Jean Piaget und eine breite, von ihm initiierte und beeinflußte Forschung sowie auch Lernpsychologen aus den USA wie z. B. Fred Hechinger eine wesentliche Rolle. Dem Forscher Jean Piaget widmen wir einen eigenen Abschnitt in diesem Buch, weil gerade seine Forschung die Stichhaltigkeit der montessorischen Arbeit besonders deutlich macht (s. S. 80).

Die Erkenntnisse der modernen Psychologie von Hechinger bis Piaget wurden durch Beobachtungen gewonnen und durch Laboruntersuchungen und Experimente bestätigt oder korrigiert. Sie helfen uns, die Arbeit von Maria Montessori richtig zu verstehen und zu würdigen.

Die moderne Lern- und Entwicklungspsychologie über den Lernprozeß des Kindes bestätigt die Erkenntnisse, die Maria Montessori aus ihrer intensiven Beobachtung der Kinder gewonnen hat.

Demnach setzt die Entwicklung von Intelligenz voraus:
– das freie Kind, das sich unbeeinflußt den Dingen in seiner
– Umgebung zuwenden kann,
– wo es für sich die Dinge auswählt, die ihm «passen», und sich mit ihnen ohne dirigistisches Eingreifen Dritter so lange beschäftigt,
– bis das Bedürfnis, das es dazu getrieben hat, gestillt ist.

Der Motor der Entwicklung

Piaget[*] war einer der ersten Entwicklungspsychologen – und das verbindet ihn mit Maria Montessori –, die bemerkten, daß die Bilder, die wir im Kopf haben, nicht einfach «Abbilder» der Wirklichkeit sind.

Bei seinen Studien war ihm schon sehr früh aufgefallen:

Was wir von der Wirklichkeit wahrnehmen und wie wir dementsprechend mit der Wirklichkeit umgehen, hängt davon ab, was wir uns vorher von der Wirklichkeit aneignen konnten.

Als Intelligenz bezeichnen Piaget und wir mit ihm unser inneres System, mit dem wir die Wirklichkeit wahrnehmen, sie uns aneignen und mit dessen Hilfe wir uns die Wirklichkeit anpassen.

Der Organismus hat die Tendenz, die äußeren Strukturen mit den inneren Strukturen zur Passung zu bringen. Es muß ein Gleichgewicht bestehen. Es geht um das Prinzip der «Passung». Gibt es zwischen dem bereits bestehenden inneren System und der wahrgenommenen äußeren Umwelt eine Diskrepanz, so entsteht eine Energie, sich mit den äußeren Strukturen zu «befassen» (im wahrsten Sinne des Wortes), um das Defizit zu beseitigen. So entwickelt sich dieses System Intelligenz allein durch das aus den Diskrepanzen von innen und außen angetriebene selbstgesteuerte Handeln (begreifen), Bewegen (ver-stellen, ver-stehen) des Menschen.

Diese Diskrepanz passiert uns aber nicht nur, wenn wir durch irgendwelche Umstände irgendwohin gekommen sind, wo uns eine andere als die uns bekannte Wirklichkeit erwartet. Wir suchen diese Diskrepanz.

Jedenfalls die meisten von uns sind – «neugierig».

Was das mit der Intelligenzentwicklung zu tun hat?

Sehr viel.

Viele Erkenntnisse zum Lernen, auch wenn sie bisweilen ein bißchen arg einfach oder auch nur skurril sind, verdanken wir der amerikanischen Lern- und Verhaltensforschung und ihren Experimenten in den Lernlabors. Ursprünglich haben diese Lernforscher ihre

---

[*] Ausführlicher über Piaget und einige Querverbindungen zu Montessori im Kapitel «Piaget und Montessori», S. 80

Versuche unter Ausnutzung der Bedürfnisse wie Hunger, Durst, Schlafbedürfnis gemacht.

So hat der berühmte B. F. Skinner Tauben hungern lassen und sie dann in seinen Lernkäfig gesetzt. Und jedesmal, wenn sie zufällig in einer Bahn gelaufen waren, die einer Acht ähnelte, gab er ihnen ein bißchen Futter. Was sehr wirksam war, schon in kürzester Zeit tänzelten die Tauben in bester Zirkusmanier vor ihrem Meister herum, wenn sie was zu fressen wollten.

Aber dann stellte der Forscher Berlyne fest, daß ausgeruhte, satte Ratten, wenn man sie in ein Labyrinth setzte, sofort anfingen, dieses zu erkunden. Es ist zwar etwas komisch und ein wenig bezeichnend für diese ganze Forschungsrichtung, daß die Lernforscher den Trieb, den wir «Neugier» nennen, erst als letztes entdeckten, aber es beweist doch, daß wir weder Taubenfutter im Lernlabor noch gute und schlechte Noten oder Fahrräder und Fernsehverbote brauchen, um Kinder dazu zu bringen zu lernen.

Die amerikanischen Lernlabor-Wissenschaftler nannten den neu entdeckten alten Erkundungstrieb «intrinsische Motivation». Und es ist interessant zu sehen, daß der amerikanische Forscher, der Vorschulpädagoge Fred Hechinger, erkannte, daß diese intrinsische Motivation besonders gut durch die Materialien von Maria Montessori aufgegriffen wird. Zur Erläuterung sollte man hinzufügen, daß die Montessori-Methode in den USA doch ein wenig verbreiteter und bekannter ist als im alten Europa, wenn man Holland einmal ausnimmt (Hechinger, S. 55).

Neugier oder intrinsische Motivation sind de facto etwas andere Ansichten desselben Phänomens, das Piaget mit seinem «Prinzip der Passung» auf seine Art beschreibt. Auch wenn nach einem solchen Satz bei mancherlei Wissenschaftlern heftige, schwierige und sehr differenzierte Diskussionen einsetzen mögen. Letztlich kommt es immer darauf an, ob man lieber die 95 Prozent Gemeinsames oder die 2 Prozent Unterschiedliches bei solchen Begriffen betonen will.

Maria Montessori sieht in der Kraft, mit der Kinder sich ihre Umwelt aneignen, die göttliche Seele am Werk: «Das Kind ist ein aktiver Beobachter und nimmt mittels seiner Sinne Eindrücke von außen in sich auf. Das aber ist etwas wesentlich anderes als die Behauptung, es empfange diese Eindrücke teilnahmslos wie ein Spiegel.» (Montessori, *Kinder sind anders*, S. 93)

Letztendlich bleibt es sich gleich, wie wir die Kraft benennen, die in einem Kind die Aneignung der Wirklichkeit hervorbringt. Und auch die Strukturen schafft, mit deren Hilfe die Wirklichkeit dann immer wieder «neu» gesehen wird.

Ob es nun *intrinsische Motivation, Organisationstendenz* oder *göttliche Energie* heißt, letztlich müssen wir zugeben, daß wir nicht mehr wissen, als daß das Kind von sich aus diese Tätigkeit entfaltet, daß das Kind diese Energie in sich trägt und daß es für den Erwachsenen eigentlich nur zwei Dinge gibt: ihm eine Umgebung zu schaffen, in der es diesem Forschungsdrang zur Aneignung der Umwelt nachgehen kann, und es dabei zu beschützen.

Handelndes Lernen: Manske, Leontjew, Piaget

Christel Manske – sie hat einige Bücher auch unter dem Pseudonym Iris Mann veröffentlicht – hat, beeinflußt von Montessori und Piaget sowie dem russischen Pendant zu Piaget, Leontjew, auf diesen theoretischen Grundlagen aufbauend, den Begriff vom «handelnden Lernen» entwickelt.

Damit ist gemeint, daß durch die Eigenaktivität des Kindes – und an dieser Eigenaktivität ist ganz wesentlich das Organ «Hand» beteiligt – die Strukturen der äußeren Umgebung nach und nach verinnerlicht werden.

Sie sieht ganz ähnlich wie Piaget und Leontjew: Durch das Handeln, die handelnde Tätigkeit des Kindes werden in den Neuronennetzen des Gehirns[*], die auch mit den Neuronen anderer Organe verbunden sind, Strukturen geschaffen, die in einer bestimmten Weise «abbilden», was «draußen» ist, und auch mit dem «verbinden», was «innen» ist. Dabei werden nicht nur die gesehenen und ertasteten Abbilder der Dinge, die damit verbundenen Klänge und Gerüche «verinnerlicht», sondern – und das ist ganz wesentlich –

[*] Von den ca. 120 Milliarden Neuronen (Nervenzellen), die wir in unserem Körper haben, sind nur ca. 15 Milliarden im Gehirn angesiedelt.

auch die Handlungen und Tätigkeiten, Bewegungen, mit deren Hilfe die Dinge «begriffen», «verstanden» oder «erfahren» wurden.

Deswegen geht das handelnde Erkunden dem Denken voraus. Weil das Denken nichts anderes ist als die innere Wiederholung dieser Handlungen. Wenn diese Handlungen vorher nicht da waren, dann können sie auch nicht im Gehirn «wiederholt» oder nachvollzogen werden.

Oder mit den Worten von Piaget: Erst wenn der Mensch seine inneren Strukturen mit den äußeren Strukturen in eine Übereinstimmung gebracht hat, wenn dadurch die äußere Welt zur inneren Welt geworden ist, kann der Mensch «denken» und durch sein «Überlegen» die äußere Welt in seinem Inneren simulieren, Vorgänge vorausdenken und so Entscheidungen über sein Verhalten auf «intelligente» Art fällen. Er muß nun nicht mehr alles im wirklichen Leben ausprobieren, nicht durch Versuch und Irrtum schlau werden, sondern kann aufgrund seiner Fähigkeit zu denken, aufgrund seiner Fähigkeit, innerlich zu «handeln», sich manchen Ärger ersparen.

Handelndes Lernen – die Hand als Vorposten des Gehirns

Die Hand ist mit unzähligen Nervenfasern mit einer ganzen Reihe von Gehirnregionen verbunden. Für die Verarbeitung der von der Hand kommenden Signale stehen mehr Neuronen bereit als etwa für die Auswertung der Informationen, die aus Rumpf und Bauchhöhle hier eingehen. Unzählige Nervenenden sind empfindlich für Wärme und Kälte. Spezielle Tastkörperchen auf jeder Fingerkuppe sorgen für das «Fingerspitzengefühl». Kleine Lamellenkörperchen verzeichnen und melden Vibrationen, besondere Tastzellen sind speziell auf Verformungen eingerichtet, und wiederum andere Zellen reagieren auf jede Dehnung der Haut. Die empfindlichen Härchen melden einen Hautkontakt bereits im Annäherungsstadium.

Die Handzonen spiegeln – ähnlich wie die Fußzonen oder die Zonen im Ohr – den gesamten Körper mit allen seinen Organen. Über eine Handzonenreflexmassage kann man die gleichen oder zumindest ähnliche Effekte erzielen wie mit einer Fußzonenreflexmassage.

64 Auch für die Steuerung der Hand-lungen benötigt das Hirn die ausgesprochen differenzierte Zusammenarbeit vieler Regionen sowie viele Signale.

Immanuel Kant soll einmal gesagt haben: «Die Hand macht den Menschen geschickt für die Handhabung aller Dinge. Sie ist sein äußeres Gehirn.»

Handelndes Lernen – ein Beispiel: Klausi und die Verteilaufgaben

Ein Kind, welches noch auf der Stufe des handelnden Lernens ist, kann nicht wirklich abstrakte Fertigkeiten erwerben, auch wenn es manchmal so scheint. Das sehen wir an folgendem Beispiel aus der Arbeit der Pädagogin Iris Mann (Pseudonym von Christel Manske).

Sie übt mit Kindern Verteilaufgaben, zunächst, indem sie Smarties an die Kinder verteilt, dann, indem die Kinder Muggelsteine an Halmafiguren verteilen, endlich sollen die Kinder diesen Vorgang in ihr Heft zeichnen.

Alle können es, bis auf Klausi.

Christel Manske berichtet: «Er verzählt sich laufend und kommt nie zum richtigen Ergebnis. Seine Mutter wird unruhig und sagt: ‹Er kann die Teilaufgaben …, wenn er will … bloß manchmal will er einfach nicht …› Klausi wird immer unsicherer. Während die anderen vier Kinder ruhig und diszipliniert arbeiten, fängt Klausi an, sich den Bleistift ins Ohr zu stecken, mit den Muggelsteinen herumzuschießen, sich in den Haaren zu ziehen. Zum Schluß zieht er auch mir in den Haaren. Der Mutter ist das unangenehm. Die Erzieherin bestätigt nun auch: ‹So ist er manchmal. Wenn er will, dann könnte er, aber so ist er, immer macht er Quatsch und stört, so wie jetzt …›

Ich versuche, Klausi nun beim Lösen der Aufgaben auf der Ebene der zeichnerischen Darstellung zu helfen, und stelle fest, daß er – auch wenn er sich anstrengt – es einfach nicht schaffen kann.

Ich erkläre nun Klausis Verhalten wie folgt: ‹Klausi ist noch auf der Ebene der äußeren Handlung. Seine Disziplinschwierigkeiten sind nur ein Ausdruck dafür, daß er überfordert ist. Er kann einige Teilaufgaben *auswendig*, ohne aber das Prinzip des Teilens zu beherrschen. Dadurch entstand bei Ihnen der Eindruck, daß er, wenn er wollte, rechnen könnte. Ich stelle nun aber fest, daß er wirklich auf der Ebene der äußeren Handlung mit Gegenständen ist und dahin zurückkehren muß, um sich für die nächste Stufe der zeichnerischen Darstellung, ... zu befähigen.» (Mann, *Schlechte Schüler gibt es nicht*, S. 55).

Christel Manske gibt Klausi nun das Rechenbrett zurück und schreibt ihm einige Teilaufgaben auf, die er rechnen soll.

Klausi ist verlegen, aber auch erleichtert.

Manske: «Die positive Erwartung, daß er es kann, wenn er es nur will, hat ihn in eine verzweifelte Situation gebracht, die seine Disziplinschwierigkeiten hervorgerufen hat. Denn wer gibt schon gern zu, etwas nicht zu können, sofern alle anderen annehmen, daß man es kann, daß man nur faul ist, aber nicht dumm?» (A. a. O., S. 56)

Klausi nimmt das Rechenbrett und rechnet für alle sichtbar still und diszipliniert eine Aufgabe nach der anderen. Er wird immer ruhiger. Er kann die inneren Strukturen aufbauen, die er braucht, um symbolisch – auf Papier oder später im Kopf – den Vorgang des Verteilens darstellen zu können.

Handelndes Lernen bei Maria Montessori

Maria Montessori hatte die Bedeutung des *handelnden Lernens* einfach *gesehen*. Ihre ersten Schulerfahrungen waren schmerzlich. Das Stillsitzenmüssen war für sie eine Tortur: «Da sitzt nun das Kind in seiner Bank, ständig gestrengen Blicken ausgesetzt, die zwei Füßchen und zwei Händchen dazu nötigen, ganz unbewegt zu bleiben, so, wie die Nägel den Leib Christi an die Starrheit des Kreuzes zwangen.» (Montessori, *Kinder sind anders*, S. 302)

Es verwundert nicht, daß Maria Montessori ein gutes Gespür für das entwickelte, was in Kindern vorgeht, was es für sie bedeutet, wenn sie sich den Dingen handelnd und in Bewegung zuwenden können.: «Was ihn (den Menschen) vor allen anderen Lebewesen auszeichnet, ist ... neben der Sprache die Fähigkeit, die Hand als ausführendes Werkzeug seiner Intelligenz zu gebrauchen. Wie man

weiß, verrät sich das früheste Auftreten des Menschen in prähistorischen Epochen durch Funde von geglätteten und zersplitterten Steinen, die ihm als erste Arbeitswerkzeuge gedient haben.» (A. a. O., S. 116)

Maria Montessori betont, daß wir es «mit Leistungen der Hand zu tun» haben. Und sieht vor allem darin die Bedeutung des aufrechten Ganges für die Evolution, daß er die Hand frei machte, damit sie sich «andern Tätigkeiten zuwenden könne als bloß der Fortbewegung und zum Ausführungsorgan der Intelligenz werde» (a. a. O., S. 117).

Sie wendet sich sodann jenem Organ, das es «der Intelligenz gestattet, ... in ganz bestimmte Beziehungen zur Umwelt zu treten» (ebenda), in seiner kulturgeschichtlichen Bedeutung zu:

«Wenn etwa ein Mann und eine Frau sich vermählen, so reichen sie einander die Hände und sprechen ein Wort. Man sagt von der Braut, sie sei ‹versprochen›, der Bewerber ‹hält um ihre Hand an›. Wer einen Eid leistet, spricht ein Wort und vollführt eine Handbewegung. Auch in jenen Riten, in denen das Ich stark zum Ausdruck kommt, tritt die Hand in Erscheinung. Pilatus lehnte jede Verantwortung für die Kreuzigung Christi ab, indem er die rituelle Redewendung gebrauchte, er wasche seine Hände in Unschuld.» (A. a. O., S. 117 / 118)

Die Hand zu gebrauchen ist für die Entwicklung des Kindes unverzichtbar.

«Wenn das Kind sich also in einer konstruktiven Art benehmen und seine Hände zu einer Arbeit gebrauchen soll, so muß es um sich Gegenstände finden, die es zu solcher Arbeit anregen.» (Ebenda)

Als Ärztin erkennt sie, daß «die Bewegungen, die das Kind vollführt», keineswegs zufällig geschehen, sondern daß sie vielmehr «unter der Leitung seines Ichs» (damit meint sie den in jedem Lebewesen vorhandenen «Bauplan») dem Ausbau der für die Bewegung nötigen Muskelkoordinierungen dienen.

Damit dieser Bauplan unverfälscht in die Realität kommen kann, ist es «ungemein wichtig, daß es dem Kind überlassen bleibt, spontan die Handlungen zu wählen und auszuführen».

Dabei ahmt das Kind nach, was es bei den Erwachsenen gesehen hat. Diese Nachahmung hat aber eine andere Qualität als etwa die des Affen.

«Das Kind versucht, mit denselben Gegenständen dasselbe zu tun, was es bei den Erwachsenen gesehen hat. Daher hängen diese seine Tätigkeiten von den Gewohnheiten der Erwachsenen in seiner Umwelt ab. Das Kind will die Stube fegen, Geschirr oder Wäsche waschen, Wasser umgießen, sich waschen, sich frisieren, sich ankleiden usw.»

Das heißt, das Kind verfolgt damit Absichten, die es in «einem psychischen Bild» mit sich herumträgt, das «seinerseits auf einer Erkenntnis beruht ... Wenn das Kind sich also bewegen will, weiß es zuerst, was es tun will; und es will etwas tun, was es kennt.» (Montessori, *Kinder sind anders*, S. 120)

Dieses nachahmende handelnde Lernen setzt im allgemeinen mit dem dritten Lebensjahr ein.

Im Alter zwischen anderthalb und etwa drei macht das Kind häufig beim handelnden Lernen «von den Gegenständen einen Gebrauch, der den Erwachsenen oft unverständlich bleibt».

Montessori beschreibt dazu ein schönes Erlebnis:

«So sah ich zum Beispiel einmal einen anderthalbjährigen Jungen, der in einem Zimmer einen Stoß frisch gebügelter, sorgfältig übereinandergelegter Servietten liegen sah. Er nahm eine von diesen, trug sie vorsichtig ... in die schräg gegenüberliegende Zimmerecke, legte sie dort auf den Fußboden und sagte: ‹Eins!› Dann kehrte er in derselben schrägen Richtung zurück und bewies dabei ein besonderes fein entwickeltes Orientierungsvermögen. Er ergriff hierauf eine zweite Serviette, trug sie wieder denselben Weg hinüber, legte sie auf die erste und wiederholte das Wort ‹Eins!› Dieses Spiel setzte sich fort, bis sämtliche Servietten drüben gelandet waren. Hierauf beförderte er sie in gleicher Weise wieder an ihren ursprünglichen Ort. Der Serviettenstoß war zwar jetzt nicht mehr so genau geschichtet, wie das Dienstmädchen ihn zurückgelassen hatte, aber alle waren noch halbwegs richtig gefaltet, und das Ganze sah wohl leicht havariert, aber keineswegs in seinen Grundfesten erschüttert aus. Zum Glück für das Kind hatte sich während dieser ganzen, lange währenden Operation kein Familienmitglied in der Nähe befunden. Wie oft hingegen taucht hinter dem Rücken des Kindes ein Erwachsener auf und ruft: ‹Halt! Halt! Laß das in Ruhe!›

Und wie oft werden diese kleinen, verehrungswürdigen Händchen

geschlagen, damit sie sich daran gewöhnen, nichts anzurühren!»
(Montessori, *Kinder sind anders*, S. 121)

Einige der von Maria Montessori ausgearbeiteten Materialien für
ganz kleine Kinder sind für diese Vorbereitungsstadien gedacht, so
zum Beispiel die Einsatzzylinder (s. S. 112).

«Immer wieder muß auf die Wichtigkeit hingewiesen werden, die
der Bewegung beim Aufbau der Psyche zukommt ... Es ist sehr
wichtig, daß das Kind in die Lage kommt, Eindrücke zu sammeln
und klar und geordnet zu behalten, denn das Ich baut die eigene Intelligenz mittels der sensitiven Kräfte auf, die seine Energie leiten.»
(A. a. O., S. 135)

An einer anderen Stelle von *Kinder sind anders* faßt Maria Montessori die Bedeutung des handelnden Lernens folgendermaßen zusammen: «Die wichtigste, die wie mit einem Zauberschlag den
normalen Wesenszügen des Kindes zum Durchbruch verhilft, ist
eine Tätigkeit, die sich mit vom Geiste geleiteten Bewegungen der
Hände in Konzentration auf eine Arbeit an einem beliebigen äußeren Objekt vollzieht. ... Dann erscheint das wahre Kind: vor
Freude strahlend in unermüdlicher Tätigkeit begriffen, denn in seinem Leben ist Tätigkeit gleichbedeutend mit einer Art seelischen
Stoffwechsels, womit alle Entwicklung eng zusammenhängt.»
(A. a. O., S. 193)

Die Bedeutung der Umgebung

Wir haben bei der Frage nach den Antrieben für die Entwicklung
der Intelligenz gehört, daß die Lernlaborforscher feststellten: Wenn
man ausgeruhte, satte Ratten in ein Labyrinth setzte, fingen diese
sofort an, dieses zu erkunden. Sie taten dies nur, wenn es für sie neu
war. Wir haben hier den gleichen Befund wie bei Piaget, der erkannte, daß die Nichtübereinstimmung zwischen der «inneren
Struktur» im Lebewesen – gleich ob Mensch, Katze oder Ratte – mit
der «äußeren Struktur» das Lebewesen veranlaßt, seine Strukturen
zu verändern, zu «akkommodieren». Dazu muß es zunächst einmal die neue Umgebung erkunden (was bei Piaget «assimilieren»
heißt).

Neues oder Fremdes setzt also automatisch einen Lernprozeß in Gang.

Berlyne und die anderen modernen Verhaltens- und Lernforscher haben, was sie bei den Ratten gesehen hatten und dann auch bei Kindern beobachteten, auf folgende Formel gebracht: «*Der Mensch wendet sich dem zu, was für ihn neu ist, aber nicht zu neu.*»

Das ist die Beschreibung der intrinsischen Motivation.

Der Zusatz «aber nicht zu neu» ist wichtig. Mit ihm kommt eine zusätzliche Überlegung ins Spiel, auf die wir nicht verzichten können. Wie oft haben wir erfahren, daß allzu Neues uns ängstigt. Was Angst für Lernen bedeutet, kann hier nur angedeutet werden: Angst aktiviert Energien zum Flüchten oder Kämpfen, also Sich-Verteidigen, blockiert aber alle anderen Prozesse. Auch und insbesondere komplexe Prozesse der Informationsverarbeitung. Angst und Lernen sind wie Feuer und Wasser.

Für Maria Montessori ist Angst ein – wie es in der Übersetzung heißt – «Abweg», d. h. eine Abweichung von der Normalisation, also dem allen innewohnenden Bauplan.

Sie schildert in *Kinder sind anders* einige Formen neurotischer Ängste – wie etwa Angst beim Überqueren der Straße oder bei Dunkelheit – und meint: «Alle diese Formen der Angst treten besonders bei Kindern auf, die unter der Gewalt von Erwachsenen stehen, wobei der Erwachsene, um Gehorsam zu erzwingen, die unklare Bewußtseinsstufe des Kindes dazu ausnützt, um ihm etwa die Angst vor unbestimmten Wesen einzuimpfen, die in der Dämmerung umgehen; das ist eine der gemeinsten Abwehrmaßnahmen, die der Erwachsene dem Kind gegenüber trifft: Er steigert damit die Furcht, die das Kind von Natur aus der Nacht gegenüber empfindet, in die nun grauenerregende Erscheinungen hineinphantasiert werden.» (Montessori, *Kinder sind anders*, S. 239)

Es ist also von großer Wichtigkeit, daß von den Erziehern sowie von den Dingen der vorbereiteten Umgebung keinerlei Angst ausgehen. Der entsprechenden Ausbildung und Entwicklung einer inneren Haltung bei den Erzieherinnen und Erziehern mißt Maria Montessori große Bedeutung bei, wie man bei der Lektüre des entsprechenden Kapitels in *Kinder sind anders* feststellt (s. auch S. 52 unseres Buches).

Kehren wir noch einmal zu der Formel der intrinsischen Motivation zurück: «*Der Mensch wendet sich dem zu, was für ihn neu ist, aber nicht zu neu.*»

Die *vorbereitete Umgebung* der Montessori-Pädagogik bietet gerade dazu viele Chancen. Denn die *vorbereitete Umgebung* enthält eine Fülle von Materialien, die verschiedene Sinne ansprechen und verschiedenartigste Operationen unterschiedlicher Schwierigkeitsgrade ermöglichen. Und sie «enthält» auch die Erzieherin oder den Erzieher, die sich in diesen Prozeß zunächst einmal nicht einmischen, sondern ihn mit Empathie begleiten und entweder im geeigneten Augenblick zeigen, was man mit den Materialien machen kann, oder die man fragen kann.

Wenn wir die Begriffe von Piaget auf die *vorbereitete Umgebung* anwenden, so treffen die inneren Strukturen des Kindes, wenn sie ein neues Material «assimilieren», d. h. also zur Kenntnis nehmen, auf eine Diskrepanz: Die inneren Strukturen des Kindes und die äußeren Strukturen stimmen nicht überein, was den Impuls zur «Akkommodation» auslöst. Durch die tätige Beschäftigung mit dem Material wird das Assimilationsschema bzw. werden die Assimilationsschemata «modernisiert» bzw. «akkommodiert», also der Organismus der (neuen) Realität angepaßt. Mit anderen Worten: Die Intelligenzstrukturen werden auf ein neues Niveau gehoben.

Liebe Leserin, lieber Leser, bitte, beachten Sie, daß hier nicht verschiedene Sachverhalte beschrieben werden, sondern daß wir nur verschiedene Redeweisen für den gleichen Sachverhalt vorführen.

Wünschen wir uns, daß die Psychologen sich bald auf eine einheitliche Theorie und eine damit einhergehende einheitliche Terminologie einigen.

Die sensitiven Phasen

Der holländische Biologe *Hugo de Vries* hat Maria Montessori das Konzept der *sensitiven Phasen* nahegebracht.

Es besagt kurz, daß es für die Entwicklung bzw. das Entstehen bestimmter Fähigkeiten oder Verhaltensweisen einen jeweils optimal geeigneten Zeitpunkt oder Zeitraum gibt.

Beispielsweise geschieht – wie wir von Konrad Lorenz wissen – bei Graugänsen im Moment nach dem Schlüpfen aus dem Ei die Prägung auf «Mutter», was Lorenz sozusagen am eigenen Leibe erfuhr. Das Graugansküken, das ihn als Mutter angenommen hatte oder besser: das auf ihn als Mutter geprägt worden war, ließ ihn nicht mehr allein, bis es ausgewachsen war.

Frederic Vester berichtet über Experimente, welche die sensible Phase für die Entwicklung des Sehens betreffen.

Wenn Ratten in den ersten Wochen mit verbundenen Augen großgezogen wurden, blieben sie ihr Leben lang blind. Gleiches ist auch von Babys berichtet worden, die die ersten Monate ihres Lebens in Dunkelheit zubringen mußten.

Zum Begriff der *sensitiven Phasen* gehört, daß sie vorübergehen und nach ihrem Ablauf die entsprechende Fähigkeit bzw. das entsprechende Verhalten entweder nur noch unter sehr erschwerten Umständen oder gar nicht mehr erworben werden können.

Die sensitive Phase für das Sehenlernen hängt damit zusammen, daß in den ersten Lebensmonaten des Menschen bzw. in entsprechenden Phasen bei anderen Lebewesen die für das Sehen zuständigen Nervenzellen im Gehirn sich mit bis zu achttausend anderen durch Zellfortsätze verbinden. Dafür sind offensichtlich Lichtreize notwendig. Bleiben sie in der sensitiven Phase aus, dann unterbleibt diese «Verdrahtung». Sie wird bei späterem Lichteinfluß nicht mehr nachgeholt.

Mit neugeborenen Katzen hat man folgendes Experiment gemacht:

Eine Gruppe von ihnen lebte die ersten sechs Wochen ihres Lebens in Räumen, die ausschließlich senkrechte Linien aufwiesen.

Eine zweite Gruppe wurde die ersten sechs Wochen ihres Lebens in Räumen gehalten, die ausschließlich waagerechte Linien aufwiesen.

Die Katzen hatten danach große Orientierungsschwierigkeiten in Räumen mit Linien der anderen Art. Die Tiere aus der «waagerechten Umgebung» fingen in einer Umgebung mit nur senkrechten Linien an zu torkeln. Und umgekehrt ging es den Katzen mit «senkrechter Vorerfahrung» genauso (Vester, S. 40).

72 Diese schrecklichen Experimente mit Katzen belegen die Sinn-

haftigkeit der Piagetschen Theoriebildung. An dem Katzenbeispiel sehen wir, wie die Aneignung der Umwelt gleichzeitig zur Entstehung von Wahrnehmungsmustern führt, die das weitere Lernen bestimmen.

Für Montessori hing die Theorie von den *sensitiven Phasen* mit der aus ihren Beobachtungen gewonnenen sicheren Überzeugung zusammen, daß es im Menschen so etwas wie einen «Entwicklungsplan» oder «Bauplan» gibt, der die Möglichkeiten seiner Entwicklung enthält. Für die Ausbildung bestimmter Fähigkeiten und Verhaltensweisen gibt es «sensible Phasen» (s. auch im Abschnitt «Montessori zu Hause», S. 178). Wenn der Entfaltung einer Fähigkeit in «ihrer» sensiblen Phase Widerstände in den Weg gelegt werden, dann gibt es eine «Abweichung» von diesem Plan, und Störungen sind die Folge. Maria Montessori nennt das «Deviation».

Wir wollen hier noch ein Beispiel anführen, das die reale Existenz dieser sensiblen Phasen auch in der späteren Entwicklung deutlich macht.

Es ist bekannt, daß Japaner und Chinesen kein «r» sprechen können. Alle Versuche in diese Richtung laufen auf ein «l» hinaus.

Wenn japanische oder chinesische Kinder aber in einer Umgebung groß werden, in der das «r» gesprochen wird, so haben sie überhaupt keine Schwierigkeiten, diesen Laut sowohl zu verstehen wie auch auszusprechen. Wenn Sie also schon mal einen Japaner oder Chinesen gesehen bzw. gehört haben, der in der Lage war, ein «r» zu sprechen, dann lag das daran, daß er die sensible Phase des «R-Lernens» nicht verpaßt hat. Bei den meisten Chinesen und Japanern ist das allerdings der Fall. Ob durch das frühe Lernen von Fremdsprachen und den Import von fremdsprachlichen Fernsehsendungen sich das in Zukunft ändern wird, ist eine andere Frage. Kurz vor Ende des 20. Jahrhunderts allerdings ist die Unfähigkeit der Japaner und Chinesen, «r» zu sagen, noch ein schöner Beleg für die Existenz sensibler Phasen im Lernprozeß.

«Die von einer sensitiven Periode hervorgerufene intensive Aktivität verursacht keine Ermüdung, eher das Gegenteil. Nach einer spontanen Aktivitätsperiode fühlt das Kind sich wohler, kräftiger, ruhiger.» (Standing, S. 80)

Maria Montessori sieht u. a. folgende «*sensitiven Phasen*»:

bis zu 3 Jahren	gesteigerte Aufnahmefähigkeit für alle Umwelt- einflüsse und Sinneserfahrungen
1 ½ bis 3 Jahre	sprachliche Entwicklung Ordnungssinn
2 bis 4 Jahre	Verfeinerung der Bewegungen Beschäftigung mit Wahrheit und Wirklichkeit Entwicklung einer Vorstellung von Zeit und Raum
3 bis 6 Jahre	Empfänglichkeit für Einflüsse von seiten der Er- wachsenen.
3 ½ bis 4 ½ Jahre	Schreiben
4 bis 4 ½ Jahre	Entwicklung des Tastsinns
4 ½ bis 5 ½ Jahre	Lesen

Es ist anzumerken, daß die von Maria Montessori beobachteten *sensitiven Phasen* für das *Schreiben und Lesen* wohl mehr den Beginn der *Möglichkeit* für Schreiben und Lesen markieren. In anderen Umgebungen – wie z. B. im *Pesta* der Wilds in Quito / Equador, wo die Interessen der Eltern und Erzieherinnen nicht wie seinerzeit in San Lorenzo auf Alphabetisierung aus sind – lernen die Kinder in ebenso kurzer Zeit und ebenso spontan z. T. erst im Alter von neun oder zehn Jahren schreiben und lesen, was dann oft zu einem lang anhaltenden Leseschub führt.

Wann die Kinder sich für Lesen und Schreiben interessieren, ist davon abhängig, wie wichtig die Eltern diese Kulturtechnik neh- men, und z. B. auch davon, ob sie das Beherrschen von Lesen und Schreiben als einen Beweis der guten Entwicklung ihrer Kinder und ihrer Intelligenz betrachten. Dies wird auch aus Quito berichtet. Wenn dort Kinder früh mit dem Lesen und Schreiben anfangen, dann sei als Hintergrund immer ein besonderes Interesse in der Fa- milie feststellbar gewesen. Auch wohl Ängste, daß das Kind «immer noch nicht schreiben und lesen» kann.

Etwas ausführlicher wollen wir uns noch mit einer weiteren *sen- sitiven Phase*, nämlich *der sensitiven Phase für Ordnung*, befassen.

Diese beginnt «mit dem zweiten Lebensjahr sich zu äußern, hält etwa zwei Jahre lang an und fällt im dritten ganz besonders ins

Auge. Während der ganzen Periode zeigt das Kind ein fast leidenschaftliches Interesse an der Ordnung der Dinge, und zwar im Raum wie in der Zeit. Offensichtlich bedeutet es ihm eine Art Lebensnotwendigkeit, daß jeder Gegenstand seinen bestimmten Platz hat und daß der Tag immer gleich abläuft. Man weiß, daß kleine Kinder aus solchen Dingen geradezu ein Ritual machen können und ihre diesbezüglichen Forderungen oft ‹tyrannisch› durchzusetzen versuchen. Vielleicht steht ein Sessel oder sonst ein Möbelstück nicht genau an der richtigen Stelle, oder eine Teppichecke ist umgeschlagen, oder ein Familienmitglied sitzt bei Tisch am ‹falschen› Platz, oder jemand hat fahrlässigerweise einen Schirm auf einen Tisch gelegt – immer ist es das *kleine* Kind, das die Abweichung vom Status quo bemerkt und beanstandet.» (Standing, S. 86)

Maria Montessori «entdeckte» den Ordnungssinn des Kindes, als sie touristisch in Neapel unterwegs war und mit einer Reisegruppe durch die Grotte des Nero geführt wurde.

«Unter uns war eine junge Frau und führte an der Hand ein Kind, das eigentlich zu klein war, um diesen langen unterirdischen Weg zu Fuß zurückzulegen.»

Als das Kind müde geworden war, nahm die Mutter es auf den Arm. Da ihr aber wegen der kindlichen Last heiß wurde, blieb sie stehen, zog ihren Mantel aus und legte ihn über den Arm.

Montessori: «Als sie darauf das Kind wieder aufnehmen wollte, begann dieses zu weinen und immer heftiger zu schreien. Vergebens bemühte sich die Mutter, es zu beruhigen. Sie war erschöpft und wurde sichtlich nervös.» Die anderen Grottenbesucher versuchten zu helfen, das Kind wurde weitergereicht. Als es beim Führer angekommen war, der kräftig zulangte, erreichte die Schreierei den Höhepunkt.

Maria Montessori «überlegte, daß dergleichen Reaktionen stets eine psychologische Ursache haben, die mit einer Sensibilität des Kindes zusammenhängt». Und sie «beschloß, einen Versuch zu wagen».

Sie fragte die genervte Mutter: «Gestatten Sie, daß ich Ihnen helfe, Ihren Mantel wieder anzuziehen?»

Die sah Maria Montessori verdutzt an, hatte sie ihn doch gerade erst wegen der Hitze ausgezogen. Aber sie gehorchte, und sofort beruhigte sich das Kind.

Es wiederholte mehrmals: «To palda» («Auf die Schulter»).

Montessori wieder wörtlich: «Also: ‹Ja, die Mutter soll den Mantel über den Schultern tragen.› Es war, als dächte es: ‹Endlich habt ihr mich begriffen!› Die Hände nach der Mutter ausgestreckt, lächelte es ihr zu, und der Rest der Wanderung verlief völlig friedlich. Der Mantel war nach Ansicht des Kindes (in diesem Entwicklungsstadium) eben dazu da, über den Schultern und nicht … auf dem Arm getragen zu werden. Diese Unordnung an der Person der Mutter hatte in der Seele des Kindes einen quälenden Konflikt hervorgerufen.» (Montessori, *Kinder sind anders*, S. 79–81)

Wir kommen auf diese «sensible Phase für Ordnung» und auf die Reaktionen von Kindern auf plötzliche Veränderungen noch zurück.

Hier nur der Hinweis auf den Zusammenhang zwischen dieser Entdeckung der großen Pädagogin und den Irritationen, die der drei- bzw. fünfjährigen Maria durch Umzüge in völlig fremde Umgebungen widerfahren sind.

Es fällt auf, daß alle Geschichten, die sowohl von Maria Montessori als auch von Standing zu diesem Thema erzählt werden, einen gemeinsamen Nenner aufweisen: Stets geht es darum, daß die vom Kind erlebte schon vorhandene Ordnung gestört wird (s. auch die Geschichte, die Maria Montessori von Piaget berichtet, S. 92).

Die sensible Phase für Ordnung hat aber – wie wir feststellen konnten – noch eine andere Bedeutung. Bereits in der zweiten Hälfte des zweiten und im dritten Lebensjahr ordnet das Kind sich seine eigene kleine Welt, indem es z. B. seinen Puppen und Stofftieren oder auch anderen wichtigen Dingen einen Platz, und zwar einen festen Platz, gibt.

Es gehört zur sensiblen Wahrnehmung des Kindes und zum Respekt vor ihm, daß Eltern diese Ordnung akzeptieren. Hier liegt der Kern der kindlichen Fähigkeit, sich seinen eigenen Kosmos zu organisieren und später dann auch die Ordnungsschemata, die es vorfindet, zu akzeptieren und für sich zu übernehmen.

Wird seine Ordnung nicht respektiert und wird ihm die Ordnung

der Erwachsenen aufgezwungen, so kann das zu sinnlosen Machtauseinandersetzungen und zur vollständigen Ablehnung der Erwachsenen-Ordnung führen, wovon so manches Kinderzimmer-Chaos beredtes Zeugnis ablegt.

Erfolgskontrolle

Als gleichermaßen einfühlsame wie scharfsinnig analysierende Kinderbeobachterin wußte Maria Montessori, wie wichtig es für das Kind ist, bei seinen Tätigkeiten eine Rückmeldung zu bekommen.

Wir erinnern uns an die Geschichte vom Blankputzen der Fliesen, was der kleinen Maria so große Freude gemacht hat, daß sie sich immer danach drängte und der Bericht darüber ihre Biographen erreicht hat. Was die «Rückmeldung» bedeutet, ist hier überdeutlich zu sehen, wenn durch die Tätigkeit des Kindes eine matte, stumpfe Fliese so sauber und klar wird, daß es sich darin spiegeln kann.

Für alle Materialien, die Maria Montessori entwickelte, hat sie sich etwas überlegt, das sie «Fehlerkontrolle» nannte und in den Darstellungen des Montessori-Materials auch heute noch so genannt wird.

Maria Montessori betont vielfach, daß das Hinlenken des Kindes auf den *Fehler* für den Lernprozeß schädlich ist. So schreibt sie bei der Darstellung der «Drei-Stufen-Lektion»: «Wenn sich das Kind allerdings geirrt hat, so bedeutet dies, daß es in diesem Moment nicht zu der psychischen Assoziation bereit war, die in ihm hervorgerufen werden sollte; folglich ist ein anderer Augenblick zu wählen. Würden wir dann beim Korrigieren zum Beispiel sagen: ‹Nein, du hast dich geirrt, es ist so›, dann würden – da es sich um einen Vorwurf handelt – all diese Wörter das Kind stärker beeindrucken als die anderen (zum Beispiel glatt, rauh), im Geiste des Kindes haften bleiben und so das Erlernen der Namen verzögern.» (Montessori, *Die Entdeckung des Kindes*, S. 176)

Wir handeln daher gewiß im Sinne der großen Pädagogin, wenn wir den Begriff «*Fehler*kontrolle» durch den Begriff «*Erfolgs*kontrolle» ersetzen.

Es geht – neutral gesprochen – um die *Rückmeldung* (englisch:

feed back), die zu jedem Lernprozeß ganz notwendig dazugehört, die aber Kindern in der normalen Schule oft vorenthalten wird.*

Bei allen Materialien Maria Montessoris ist diese Rückmeldung «eingebaut». Von den Einsatzzylindern paßt jeder nur in eine bestimmte Öffnung, beim «Geheimnisvollen Beutel» kann das Kind nach dem Herausnehmen sehen, was es darin ertastet hat, usw.

Wichtig ist zu begreifen, daß Rückmeldung nichts, aber auch gar nichts mit Lob und Tadel zu tun hat.

Maria Montessori: «Die Lehrerin muß sich immer *überzeugen*, ob ihr Unterricht auch das gesteckte Ziel erreicht hat.» (Montessori, *Die Entdeckung des Kindes*, S. 175)

Und wie macht sie das? Ein Beispiel aus einer «Dreistufenlektion».

Zuerst (erste Stufe) läßt sie zum Beispiel das Kind glattes Papier anfassen und sagt: «Das ist glatt», was sie (in wechselnder Tonlage) mehrfach wiederholt, wobei sie auf klare und deutliche Aussprache achtet.

Dann läßt sie das Kind rauhes Papier anfassen und sagt: «Das ist rauh», was sie ebenfalls (in wechselnder Tonlage) klar und deutlich mehrfach wiederholt.

Zum ersten Feedback kommt sie dann folgendermaßen – und das ist dann die zweite Stufe: «Die erste Probe besteht darin, nachzuprüfen, ob die Gedankenassoziation zwischen Namen und Gegenstand im Bewußtsein des Kindes haften geblieben ist. Deshalb sollte die Lehrerin die dazu erforderliche Zeit verstreichen lassen, also zwischen Lektion und Probe einige Augenblicke des Schweigens

---

* Wie wichtig Rückmeldungen allerorten sind, zeigt folgende Geschichte. Der Psychologe Robert F. Mager war als Experte für Lernprozesse in einen elektrotechnischen Betrieb gerufen worden, in dem sich Merkwürdiges zutrug. Löterinnen, die dort arbeiteten, verlernten ihre Fähigkeit, exakt zu löten.
«Es wurde hohe Präzision von den Löterinnen gefordert. Bei Eintritt in die Firma wurde ihnen das Löten beigebracht. Sie durften nicht eher am Fließband arbeiten, bevor sie nicht ausschließlich akzeptable Lötungen machten. Bei der Arbeit wurde dann festgestellt, daß die Qualität der Lötungen nach wenigen Wochen nachließ, obgleich die Frauen jeden Tag Hunderte von Lötungen vornahmen.» Der Grund: «Es war für die Löterinnen kaum möglich, eine Rückmeldung über die Qualität der einzelnen Lötstelle zu bekommen, nachdem sie fertig waren. Man kann das nicht ohne weiteres sehen. ... Hier mußte das Niveau der Fertigkeit dadurch erhalten werden, daß der Arbeiterin regelmäßige Rückmeldung über die Qualität ihrer Arbeit gegeben wurde. ... Dies war – wie sich zeigte – genug, um sie in

Form zu halten.» (Mager / Pipe 1972, S. 40 / 41)

einlegen. ... Danach fragt sie das Kind langsam: ‹Welches ist glatt?› bzw. ‹Welches ist rauh?›» (Montessori, *Die Entdeckung des Kindes*, S. 175)

Wenn das Kind nun das Richtige zeigt, weiß die Erzieherin, daß das Kind es verstanden hat.

Irrt das Kind sich, muß die Lektion abgebrochen und auf einen späteren Zeitpunkt verschoben werden. Wie schon erwähnt, darf die Erzieherin keinesfalls in der Form reagieren, daß sie sagt: «Das ist nicht richtig» oder «Das ist falsch.»

Hingegen läßt – so Maria Montessori – «das auf den Irrtum folgende Schweigen ... den Bereich des kindlichen Bewußtseins intakt, und die nächste Lektion kann dann wirkungsvoll die erste *überlagern*» (a. a. O., S. 176).

Die dritte Stufe ist ebenfalls für das Feedback vorgesehen. Maria Montessori: «Der dritte Abschnitt ist eine rasche Überprüfung der vorigen Lektion. Die Lehrerin fragt das Kind: ‹Wie ist das?› und wenn es reif dazu ist, antwortet es mit dem vorgesehenen Wort: ‹Das ist glatt›, bzw. ‹Das ist rauh.›» (A. a. O., S. 176)

Kapitel 4
Piaget und Montessori*

Organisation von Wahrnehmungen und Tätigkeiten

Ein Neugeborenes, einige Tage alt. Es liegt an der Brust der Mutter, satt und wach, es schaut, mit den Händen patscht es die Mama an.

Sehen oder Greifen: Wahrnehmungs- und Verhaltensvorgänge wie diese bezeichnet Piaget als «Schemata». Nach der Geburt sind Greifen und Sehen zwei Vorgänge, die noch nichts miteinander zu tun haben. Greifen und Sehen sind noch nicht miteinander koordiniert. Piaget spricht darum von «isolierten Schemata».

Das Baby lernt bald, diese beiden «Schemata» miteinander zu koordinieren: Es ergreift Dinge, die es dann betrachtet, sieht Dinge, nach denen es greift, mit anderen Worten: Es lernt, das Greifen durch das Sehen zu steuern.

Die «isolierten Schemata» *Greifen* und *Sehen* sind, wenn wir das in den Worten von Piaget ausdrücken, in ein «komplexeres Schema» übergeführt worden: *Greifen, gesteuert durch Sehen.*

In dieser Koordinierung von *Greifen* und *Sehen* sieht Piaget – und mit ihm inzwischen die moderne Lern- und Entwicklungspsychologie – ein Beispiel der generell vorhandenen Tendenz des Lebendigen bzw. aller lebenden Organismen, ihre Wahrnehmungen und Tätigkeiten miteinander in Zusammenhang zu bringen und aufeinander abzustimmen. Er nennt das die *Tendenz zur Organisation.*

---

* Dieses Kapitel ist für jene gedacht, die etwas tiefer in die Materie einsteigen möchten. Wir fassen hier die wichtigsten Ergebnisse des großen Schweizer Forschers Jean Piaget zusammen, um en détail nachvollziehbar zu machen, wie genau und genial Maria Montessori mit ihrer intuitiven Vorgehensweise den Prozeß der Aneignung der Wirklichkeit verstanden hat.

Um Piaget gerecht zu werden, müssen wir auch auf Details eingehen, die für diesen Beweis nicht unbedingt notwendig sind. Zum Verständnis der Arbeit Maria Montessoris ist dieser etwas schwierigere Abschnitt hilfreich, aber nicht unbedingt notwendig. Sie können ihn überspringen und gleich zu Seite 94 übergehen.

Das Bestreben zur *Organisation von Wahrnehmungen und Tätig-keiten* ist immer wach. Es liegt sozusagen in Lauerstellung. Und es tritt in Aktion, wenn ein Schema bei Anwendung mit der «Wirk-lichkeit» in Konflikt gerät, sich als gefährlich oder unbrauchbar er-weist. D. h. daß es sich nicht (noch nicht oder nicht mehr) mit der «Wirklichkeit» in Einklang befindet.

Man kann auch sagen: Das Bestreben zur *Organisation* setzt z. B. in dem Moment ein, wenn sich ein *Schema* als «erfolglos» erweist. Das ist zum Beispiel bei dem Schema *«Greifen, gesteuert durch Se-hen»* dann der Fall, wenn das Kind es auf den Mond anzuwenden sucht. Den Mond kann es nicht greifen.

Das Schema *«Greifen, gesteuert durch Sehen»* wird relativiert und damit (negativ) ergänzt: Ich vermag nicht alles zu greifen, was ich sehen kann.

Auch der Versuch, das Schema *«Greifen, gesteuert durch Sehen»* an der berühmten heißen Herdplatte anzuwenden, führt zwangs-läufig zu einer Anpassung des Schemas an die «Wirklichkeit», in-dem ein weiterer Sinn – die *Temperaturempfindung* – ins Spiel kommt und es erweitert.

Aus einfachen Schemata werden komplexe Schemata, die als Son-derfälle sozusagen noch die einfachen enthalten, und die komple-xen Schemata fügen sich zu Strukturen zusammen.

Die Organisationstendenz ist also der *Motor* zur ständigen Ver-besserung der Schemata, zu einer immer genaueren Anpassung der Wahrnehmungen und der damit zusammenhängenden Handlun-gen an die Umwelt. Und sie erhält immer dann einen Schub, wenn die vorhandene Struktur im Innern des Menschen auf eine verän-derte Struktur in der Umwelt trifft.

Wann immer das Ergebnis einer Wahrnehmung bzw. Handlung nicht dem Erwartungsschema entspricht (z. B. Erwartung des Kin-des, den Mond zu sich heranzuholen), muß das Schema korrigiert werden.

Solange das geschieht und möglich ist, entwickelt sich die Intelli-genz.

Es gibt aber – darauf müssen wir hier hinweisen – eine ganze Reihe von Faktoren, die solche Anpassungen der Schemata an die Wirklichkeit verhindern.

Sie hängen in der Zeit der spontanen Entwicklung der Intelligenz meist in irgendeiner Form mit Angst zusammen. Mit zunehmendem Alter scheint auch die Tendenz zur Organisation an Intensität einzubüßen.

Fassen wir zusammen: Wenn wir sagen, daß die Tendenz zur Organisation der *Motor* zur ständigen Verbesserung der Schemata ist, dann heißt das nichts anderes, als daß die Entwicklung der Intelligenz vom Menschen selbst ausgeht.

▶◀ **Hier haben wir einen ersten wichtigen Treffpunkt Jean Piagets mit Maria Montessori.**
Piaget sieht im Menschen eine Kraft am Werk, die die Entwicklung der Intelligenz vorantreibt, wenn die innere Struktur auf eine äußere Struktur trifft, die nicht mit ihr übereinstimmt.

Maria Montessori schreibt: «Das Ich baut die eigene Intelligenz mittels der sensitiven Kräfte auf, die seine Energie leiten.» (Montessori, *Kinder sind anders*, S. 135) An anderer Stelle spricht sie davon, daß hier die «göttliche Seele» am Werk ist (a. a. O., S. 93).

Exkurs: Strukturen von Pädagogen

Bei unseren Vorarbeiten zu diesem Buch haben wir auch das Funkkolleg *Pädagogische Psychologie* zur Hand genommen. Darin fanden wir u. a. folgenden Text:

«Bei Piaget kommt das Kind bereits mit einigen, wenn auch noch recht unvollkommenen Schemata zur Welt; das Kind neigt spontan dazu, diese Schemata zu betätigen, zu üben.

Dieses Verhalten kann man bereits bei Kindern im ersten Lebensmonat beobachten: Das Kind saugt wiederholt, guckt intensiv, strampelt usw. Es ist also von Anfang an recht aktiv und *übt* und *festigt* so das Repertoire an Verhaltensweisen, das es mitgebracht hat.»
(Funkkolleg, S. 74, Hervorhebungen durch uns)

Unfreiwillig demonstrieren hier die Autoren des Funkkollegs, was die Redeweise bedeutet, Schemata und / oder Strukturen auf die Wirklichkeit anzuwenden.

Pädagogen haben in ihrem Repertoire zum Verstehen von Lernprozessen an oberster Stelle die Begriffe *Üben* und *Stoff festigen.*

Hier wenden sie diese Schemata umstandslos auf Vorgänge beim Kleinkind an, bei denen es weder sinnvoll noch gerechtfertigt ist, von «Üben» oder gar von «Festigen» zu sprechen.

Üben und festigen sind ja im pädagogischen Prozeß *bewußte* Vorgänge. Hier aber handelt es sich eindeutig um *vor-* bzw. *un*bewußte Handlungen des Organismus, die zunächst der Abfuhr von Lebensenergie dienen. Die dabei stattfindenden Lernprozesse sind rein akzidentell.

Im übrigen zeugt es von bemerkenswerter intellektueller Hilflosigkeit, zu schreiben, daß diese Lebensäußerungen der weiteren Verbesserung der vorhandenen Strukturen «Saugen» oder «Strampeln» dienen. Wir müssen vielmehr davon ausgehen, daß diese beiden Strukturen bzw. Verhaltensschemata bereits voll entwickelt sind und somit nicht weiter verbessert werden können.

Die von den Autoren des Funkkollegs stammende Beschreibung zeigt vortrefflich, wie sich unsere vorhandenen – in diesem Fall berufsbedingten – *Strukturen* auf die Konstruktion unserer Wirklichkeit und damit auf die Wahrnehmung auswirken.

Hier widerfährt Piaget Ähnliches von Autoren, die sich zur Aufgabe gemacht haben, seine Erkenntnisse zu verbreiten, wie es Maria Montessori von ihrer Biographin Rita Kramer widerfahren ist (s. S. 19).

Assimilation

Ohne den Begriff *Assimilation* zu erwähnen, haben wir schon einiges über das Thema *Assimilation* gesagt, als wir von der Anwendung der «isolierten Schemata» *Greifen* und *Sehen* gesprochen haben und wie diese in ein komplexeres Schema *Greifen, gesteuert durch Sehen* übergeführt werden.

Assimilation ist nichts anderes als der Piagetsche Begriff für die Anwendung eines vorhandenen Schemas. Auch die Anwendung des Schemas *Greifen, gesteuert durch Sehen* auf den fernen Mond oder die nahe Herdplatte ist also «Assimilation» des Schemas.

Der Mensch versucht in einer neuen, unbekannten Situation – was bleibt ihm anderes übrig? – zunächst von den vorhandenen Schemata und Strukturen Gebrauch zu machen, diese auf die neue «Wirklichkeit» anzuwenden, um sie so zu «verstehen» und sich mit ihr auseinanderzusetzen.

Je weniger Assimilationsschemata vorhanden sind, um so mehr Teile der Wirklichkeit versucht ein Lebewesen damit zu «erfassen».

Piaget erläutert dies am «Schema» *Saugen*.

Das Baby saugt außer an der Brust oder der Flasche am Finger oder am Bettzipfel, oder es beleckt das Spielzeug, das man ihm ins Bettchen gegeben hat.

Gesaugt wird sozusagen immer und an allem.

Wenn eine solche «Anwendung des Schemas Saugen» positive Folgen hat («Lutschen am Daumen – gut»), wird das Schema modifiziert: *Daumen suchen, in den Mund nehmen, lutschen.* Das Kind kann und wird die Handlung wiederholen. In den Worten von Piaget: Es assimiliert das neue Schema *Daumen suchen, in den Mund nehmen, lutschen.*

Akkommodation

Auch dem Begriff der *Akkommodation* haben wir schon bei der Arbeit zugeschaut.

Wir haben von Differenzierung oder Anpassung eines Schemas an die Wirklichkeit gesprochen. Nehmen wir wieder unser Urbeispiel von den «isolierten Schemata» *Greifen* und *Sehen*, die durch die frühen Erfahrungen des Kindes in das komplexere Schema *Greifen, gesteuert durch Sehen* übergeführt wurden. Sagen wir es mit Piaget: «*akkommodiert*» wurden.

Piaget erzählt dazu die Geschichte von seiner Tochter und dem Papphahn. Sie saß im Laufställchen. Vordem hatte sie sich schon das eine oder andere kleinere Teil durch die Gitterstäbe hereingezogen (Assimiliationsschema: *Sehen, Greifen, Ziehen*). Der forschende Papa legte ihr nun das erwähnte Papptier hin, infamerweise, aber im Dienste der Forschung, quer zu den Stäben. Töchterchen versuchte, es hereinzuziehen, und nach mehreren vergeblichen Versuchen glückte es ihr, indem sie den Pappegockel aufrecht durch die Gitterstäbe brachte.

Das Assimilationsschema *Sehen, Greifen, Ziehen* war nun um das Schema «*Aufrichten*» erweitert. Und damit – um das mal in der Piagetschen Terminologie richtig auszudrücken – zum Assimilationsschema *Sehen, Greifen, Aufrichten, Ziehen* «akkommodiert».

Die Begriffe Assimilation und Akkommodation sind insofern wichtig, als sie deutlich machen, daß der Aufbau der intelligenten Strukturen nicht als Anhäufung von Wissen geschieht, das aus der Umwelt genommen wird, sondern daß es sich hierbei um die Erprobung, Weiterentwicklung, neue Erprobung, erneute Weiterentwicklung und so fort von Schemata handelt, die zunächst an einzelne Sinne und Organe bzw. die Betätigung dieser Sinne und Organe gebunden sind. Diese Schemata strukturieren und bestimmen die Wahrnehmung und passen sich unter bestimmten Bedingungen, wenn sie mit der Realität in Konflikt geraten, an – akkommodieren sich.

▶◀ **Hier haben wir einen zweiten wichtigen Treffpunkt Jean Piagets mit Maria Montessori.**

Piaget beschreibt die Entwicklung der Intelligenz als die fortwährende Anpassung innerer Schemata und Strukturen an die äußere Wirklichkeit.

Maria Montessori schreibt: «Die Beobachtung des Kindes lehrt uns, daß es sich seine Intelligenz nicht langsam und von außen her aufbaut, wie dies eine mechanistische Psychologie annimmt ... Das Kind ist ein aktiver Beobachter und nimmt mittels seiner Sinne Eindrücke von außen in sich auf. Das aber ist etwas wesentlich anderes als die Behauptung, es empfange diese Eindrücke teilnahmslos wie ein Spiegel. Wer beobachtet, tut dies aus einem inneren Antrieb, aus einem Gefühl, auf Grund einer besonderen Vorliebe, und er wählt somit unter zahllosen Eindrücken ganz bestimmte aus.» (Montessori, *Kinder sind anders*, S. 93)

In diesem Treffpunkt zwischen beiden großen Geistern gibt es auch eine Nichtübereinstimmung. Piaget sieht richtig, daß es sich bei der

Anpassung der Strukturen an die Wirklichkeit durch Assimilation und Akkommodation um einen zwangsläufig und letztlich unbewußt ablaufenden Prozeß handelt.

Maria Montessori läßt jedenfalls in ihrer Formulierung die Möglichkeit offen, daß es sich bei der aktiven Aneignung der Wirklichkeit um einen bewußten Prozeß handele.

Sie weiß jedoch genau, daß diese Prozesse sich wie Naturereignisse ergeben. Beispielsweise schreibt sie in dem Bericht über das Schreibenlernen in der *Casa dei Bambini*: «Dieses Aufbrechen des Schreibvermögens vollzog sich als unerwartetes Ereignis. Die Lehrerin sagte mir etwa: ‹Dieser Junge hat gestern um drei Uhr zu schreiben begonnen.› Wir standen betroffen wie vor einem Wunder.» (A. a. O., S. 185)

Wiederholungen

Als Piaget die Geschichte mit seiner Tochter und dem Papphahn inszeniert hatte, war ihm etwas Sonderbares aufgefallen: Nachdem das Kind den Hahn endlich im Ställchen hatte, steckte es den Hahn wieder durch die Stäbe und wiederholte Hinaus und Herein mehrmals.

Eine solche wiederholte Anwendung eines durch Akkommodation differenzierten Schemas beobachtete Piaget häufig bei Kindern ab dem vierten Lebensmonat.

Wer immer Kinder länger beobachtet, wird solche Wiederholungen immer mal wieder wahrnehmen.

Wir wissen: In jeder Phase der Aneignung der Wirklichkeit entstehen durch die Wahrnehmungen sowie durch die damit zusammenhängenden Handlungen und Bewegungen des Kindes im Körper (heute wissen wir: nicht nur im Gehirn) Strukturen, die wiederum für künftige Wahrnehmungen und Erfahrungen «Muster» bereitstellen.

Wiederholungen sind notwendig, damit die Strukturen und Muster im Gehirn und in anderen Teilen des Nervensystems entstehen bzw. «vollendet» werden können. Mit «Üben», wie wir es aus der Schule kennen, haben diese Wiederholungen nichts zu tun. Erst wenn die Strukturen «fertig» sind, hört das Kind von alleine auf. Es zeigt dann das von Montessori beobachtete und beschriebene Gefühl innerer Zufriedenheit und Ruhe (s. S. 38).

Wird es dabei gestört oder unterbrochen, muß es, wenn es dazu überhaupt je Gelegenheit findet, diesen Aneignungsprozeß noch mal ganz von vorne anfangen (s. «Klausi und die Verteilaufgaben», S. 65).

▶◀ **Hier haben wir einen dritten wichtigen Treffpunkt Jean Piagets mit Maria Montessori.**
Piaget beschreibt die Wiederholungen als integrierten Bestandteil des spontanen Prozesses der Schemaveränderung (s. S. 65) bzw. Intelligenzanpassung.

Maria Montessori beschreibt in *Kinder sind anders* (S. 165), wie ein etwa dreijähriges Mädchen damit beschäftigt war, Holzzylinder in Öffnungen zu stecken und wieder herauszunehmen, und sie staunte, daß das Kind dies wieder und wieder wiederholte. Sie begann die Wiederholungen zu zählen. Und obwohl Maria Montessori allerlei «Ablenkungsmanöver» durch die anderen Kinder organisierte, ließ sich die Kleine nicht beirren. Als sie aufhörte, hatte sie ihre Arbeit zweiundvierzigmal wiederholt (s. auch S. 38 dieses Buches).

Die sensumotorische Phase

Die angedeutete Entwicklung der Schemata in frühkindlichem Alter ist ausschließlich an die Wahrnehmung mit den Sinnen (Senses) und die Bewegung der Glieder und des Körpers (Motorik) gebunden, weshalb die ersten 24 Monate die «sensumotorische Phase» genannt werden. Dabei wird im allgemeinen unterstellt, daß etwa ab dem 18. Monat der Übergang von der rein sensumotorischen Anwendung der Schemata zu damit verbundenen «Vorstellungen» einsetzt.

Schon in dieser ersten Phase entwickeln sich Schemata und Strukturen, welche Raum, Zeit sowie Kausalität, Ähnlichkeit und Gleichheit betreffen.

Das sind Schemata und Strukturen, die auch in den späteren Phasen der Entwicklung von großer Bedeutung sind – jeweils in anderer Weise.

In den ersten beiden Lebensjahren sind diese Schemata sozusagen «offen» zu beobachten – in konkreten Handlungen.

Auch später verändern sich solche Schemata und Strukturen ausschließlich durch das Zusammenspiel von Wahrnehmen und Handeln.

Da es aber in den späteren Phasen auch Ereignisse des «Denkens», d. h. des inneren Handelns, gibt, ist die Entwicklung nicht so offen nachvollziehbar.

Operationen

Die beobachtete und beschriebene Wiederholung der Verhaltensschemata in der sensumotorischen Periode hinterläßt im «Innern» offenbar Spuren bzw. komplementäre Abläufe, die wir die *geistigen Schemata* nennen. Das Kind geht mit seiner Welt nun mehr und mehr durch Handlungen auf der geistigen Ebene um. Solche geistigen Handlungen nennt Piaget Operationen.

Operationen sind genau das, was wir landläufig unter «Denken» verstehen.

Wir haben gesehen, daß die Assimilation generalisiert.

Diese Tendenz wirkt sich auch aus in der Bildung von Begriffen, das heißt von Wörtern, mit deren Hilfe Klassen bezeichnet werden, wie z. B. «Tier» für Hunde, Katze usw. Oder «Möbel» für Tisch und Stuhl. Oder «Kinder» für Jana, Klaus, Mia, Tom.

Wenn wir festhalten, daß schon das zweijährige Kind in der Lage ist zu «denken», dann heißt das aber nicht, daß es seine Schemata und Strukturen, die zusammen genommen nichts anderes darstellen als seine «Intelligenz», auch auf der geistigen Ebene *weiterentwickeln* könnte. Das wird häufig unterstellt, indem Eltern oder Erwachsene überhaupt den Kindern bestimmte Dinge zu erklären versuchen.

Erklärungen solcher Art (Antworten auf «Warum»-Fragen) sind dennoch für die Kinder wichtig – als Einführung in ein wichtiges Kommunikationsritual in unserer Kultur.

Es ist fatal, wenn das als Beitrag zur Intelligenzentwicklung miß-
verstanden wird.

Die Fortentwicklung der Intelligenz bedarf noch viele Jahre –
wenn man es genau nimmt, das ganze Leben lang – der direkten,
d. h. handelnden Auseinandersetzung mit der Wirklichkeit.

Und die ereignet sich immer dann, wenn die aus der geistigen
Anwendung von vorhandenen Strukturen resultierende Handlung
mit der Wirklichkeit nicht in Einklang kommt.

Also konkret: Das Kind, der Mensch, hat sich z. B. überlegt, der
Mutter mit einem Geschenk eine Freude zu machen. Und weil es
weiß, daß die Mutter so gerne Honig mag, hat es sich überlegt, ein
Glas beim Nachbarn zu «holen». Die Überlegung wird in die Tat
umgesetzt. Die Reaktion der Mutter zeigt ihm, daß das Schema
«Honig – und die Mutter freut sich» so nicht stimmt.

Die Akkommodation der Strukturen geschieht also auch in späterem Alter nicht anders als in der schon beschriebenen Weise in der
sensumotorischen Phase.

Wir wollen an einem Beispiel, das auch eine schöne Verbindung
zu Maria Montessori hat, darauf eingehen, wie lange und langsam
sich Operationen entwickeln.

Piaget ging davon aus – und dies wurde durch eine ganze Reihe
von empirischen Untersuchungen bestätigt –, daß Kinder ihre Vorstellungen in ihren Zeichnungen sehr gut zum Ausdruck bringen.

Er ließ also Kinder zeichnen, was sie sich vorstellten. Und zur
Verfeinerung der Methode forderte er sie dann auf, aus all den
Zeichnungen das Bild herausfinden, das ihrer Vorstellung am näch-
sten kommt.

Mit dieser Methode fand er heraus, daß Kinder zwischen vier und
acht sich ein volles, ein halbvolles oder ein leeres Glas gut vorstellen
können, d. h. sie sind in der Lage, in ihrem «Innern» statische Situationen abzubilden und darüber nachzudenken.

Schwierigkeiten haben sie, sich z. B. den steigenden Wasserspie-
gel beim Eingießen in ein Glas vorzustellen, d. h. sie sind nicht in
der Lage, in ihrem «Innern» dynamische Situationen abzubilden
und darüber nachzudenken. Gelingt es ihnen ansatzweise, so bedenken sie in der Regel nur einen Aspekt des Vorgangs und sind
nicht in der Lage, mehrere Dinge miteinander zu koordinieren.

Dieses Beispiel muß genügen, um zu zeigen, daß die stürmische Entwicklung der Intelligenz in der sensumotorischen Phase sich in der operativen Phase nicht mit derselben Geschwindigkeit fortsetzt.

▶◀ **Hier haben wir einen weiteren wichtigen Treffpunkt Jean Piagets mit Maria Montessori**

Jean Piaget beschreibt die Schwierigkeiten der Kinder mit der dynamischen Situation «Wasser eingießen».

Maria Montessori bietet in ihren Materialien des täglichen Lebens den Kindern kleine Kannen und verschieden große Gläser an, mit deren Hilfe sie Wasser umgießen können. Wann sie mögen, so oft sie mögen. Sie eignen sich dabei – ohne es zu wissen und ohne es zu bemerken – das an, was «Volumenkonstanzbegriff» genannt wird: Irgendwann wissen sie, daß das Wasser, wenn sie es umgegossen haben, immer noch die gleiche Menge hat. Für viele Erwachsene mag das selbstverständlich sein, für das Kind ist es ein gewaltiger Fortschritt.

Bewußtes und unbewußtes Lernen

Z. P. Dienes ist ein amerikanischer Didaktiker, der in den 70er Jahren als «Vater der Mengenlehre» in vielen westlichen Ländern eine Rolle spielte.

Er hatte Materialien entwickelt, die «Dienesschen Blöcke», welche im Unterricht zur Einübung von Mengeneigenschaften benutzt wurden. Eigenschaften von Mengen – das sind u. a. die Zahlen.

Die Dienesschen Blöcke waren durch Form (Kreis, Quadrat, Dreieck, Rechteck), durch die Farbe (Blau, Gelb, Grün, Rot) und durch die Größe unterschieden. Die Kinder sollten an diesen Blöcken Gleichheiten und Ungleichheiten lernen. Es gab aber auch Übungen, die darauf hinausliefen, aus der Gesamtmenge «Dienessche Blöcke» Teilmengen herauszuholen, etwa alle grünen Blöcke oder alle Dreiecke und so fort. Die Übungen wurden mit mehreren Merkmalen (alle roten Quadrate) fortgesetzt. Es mußten auch

Schnittmengen bestimmt werden etc.

Dienes hat mit dieser Einführung seiner Blöcke in den öffentlichen Schulunterricht Maria Montessori, die allerdings schon fast zwei Jahrzehnte vorher gestorben war, und ihrer Bewegung schwer geschadet. Denn er erzählte jedem, ob er es nun wissen wollte oder nicht, daß er seine Erfindung an den Materialien von Maria Montessori orientiert habe.

In der Tat sind gewisse Ähnlichkeiten unübersehbar.

Unübersehbar sind aber auch die Unterschiede – vor allem im Einsatz. In keiner Montessori-Einrichtung werden Materialien zum allgemeinen Unterrichten verwendet. Immer geht es um die *Selbst*tätigkeit des Kindes. Die kann angeregt und «angeleitet» oder spontan sein.

Nie wird ein Kind in einer Montessori-Einrichtung genötigt, sich mit einer Sache zu beschäftigen, zu der es nichts hinzieht; geschieht es doch, so gegen die erklärten Absichten von Maria Montessori.

Aber: Bei Anwendung dieser Montessori-Prinzipien wäre der Herr Professor Dienes natürlich niemals durch massenhaften Verkauf seines Pädagogik-Schunds zum reichen Mann geworden.

Horst Speichert war seinerzeit Chefredakteur einer Zeitschrift für Lehrer (*betrifft: erziehung*). Er hat geholfen, den Mengenlehre-Spuk in die Flasche zurückzuzwingen, aus der der Geist so plötzlich entwichen war. Dabei spielte auch der Artikel zweier Mitarbeiter des Berliner Max-Planck-Instituts, Keitel und Damerow, eine Rolle. Die nahmen Dienes aufs Korn, weil die Kinder durch den Gebrauch seiner Blöcke etwas lernen sollten, was sie nicht verstehen konnten – eben Strukturen.

Horst Speichert fand das Argument, daß der Mensch nur lernen solle, daß man ihm nur beibringen dürfe, was er auch verstehe, überzeugend.

Heute ist ihm klar, daß zwar der Feldzug gegen Dienes gerechtfertigt, dieses Argument aber falsch war. Der Aufbau der intelligenten Strukturen in unserem Innern vollzieht sich sozusagen immer hinter unserem Rücken bzw. unterhalb der Schwelle unseres Bewußtseins. Das ist ähnlich wie beim Wachstum unserer Muskeln. Wir können das zwar fördern. Wir können trainieren etc. Wir können auch das Ergebnis bestaunen. Aber wie es nun wirklich zustande kommt, wie die Muskeln wachsen, das kriegen wir nicht mit.

Das schließt nicht aus, daß die Kinder ihres Lernprozesses an bestimmten Stellen innewerden, d. h. sie fangen an, Begriffe zu gebrauchen, die sie sich angeeignet haben, wie aus folgender Anmerkung Maria Montessoris hervorgeht:

«Einmal verteilte eine bedeutende Persönlichkeit Biskuits in geometrischen Formen unter die Kinder. Statt sie zu essen, betrachteten die Kinder diese Biskuits mit großem Interesse und riefen: ‹Das ist ein Kreis!› ‹Das ist ein Rechteck!› Hübsch ist auch die Anekdote von dem Kind, das seiner Mutter in der Küche zusah. Die Mutter ergriff ein Stück Butter, und das Kind sagte: ‹Das ist ein Rechteck!› Die Mutter schnitt eine Ecke davon ab, worauf das Kind sagte: ‹Jetzt hast du ein Dreieck weggenommen!› und hinzufügte: ‹Was übrig bleibt, ist ein Trapez!›» (Montessori, *Kinder sind anders*, S. 174 / 175)

Montessori: Eine «Begegnung» mit Piaget

Über Jean Piaget wäre noch viel zu sagen. Er war nicht nur ein Genie, sondern – wie sprach Napoleon? – ein fleißiges Genie und hat ein zwölfbändiges Werk hinterlassen.

Aber auch Maria Montessori war Genie voller Fleiß, und natürlich hat sie auch die zeitgenössische Psychologie und somit auch Jean Piaget zur Kenntnis genommen und verarbeitet. In *Kinder sind anders* schreibt sie – ohne seinen Namen zu nennen – von «einem Professor in Genf», bei dem es sich ganz offensichtlich um den großen Entwicklungsforscher handelt. Es geht dabei um Belege für die «sensible Phase für Ordnung» (s. auch S. 76):

«Der Vater versteckte einen Gegenstand zuerst unter dem Kissen eines Sessels und dann, in Abwesenheit des Kindes, unter dem Kissen eines zweiten, gegenüber befindlichen Sessels. Das Kind sollte den Gegenstand dort suchen, wo es ihn zuletzt gesehen hatte, und dann, da er sich nicht mehr dort befand, anderswo; und um ihm die Aufgabe zu erleichtern, hatte der Professor den Gegenstand wieder unter einem Sesselkissen verborgen. Das Kind jedoch beschränkte sich darauf, das Kissen des ersten Sessels abzuheben. Ohne weiter zu suchen, sagte es einfach: ‹Es ist nicht da!› Darauf wiederholte der

Professor das Experiment, indem er vor den Augen des Kindes den

Gegenstand von dem einen Sessel zum anderen trug. Aber auch diesmal wiederholte das Kind sein Betragen und die Worte: ‹Es ist nicht da!› Ärgerlich über soviel Unverstand, hob der Professor etwas ungeduldig das Kissen von dem zweiten Sessel und sagte: ‹Hast du denn nicht gesehen, daß ich's hierher gelegt habe?› – ‹Ja›, entgegnete das Kind, ‹aber es soll da sein!› Und es deutete dabei auf den ersten Sessel.

Es kam dem Kind gar nicht darauf an, den Gegenstand zu finden, sondern darauf, daß dieser Gegenstand wieder an seine richtige Stelle gelangte. Zweifellos war es der Meinung, sein Vater habe das Spiel nicht begriffen.» (Montessori, *Kinder sind anders*, S. 83/84)

Kam da Schadenfreude gegenüber dem Berufskollegen auf?

Kapitel 5

Die Kinder und das Montessori-Material.
Oder: Die Frage der Freiheit

Der Hauptsatz der intrinsischen Motivation lautet, wie erwähnt: «Der Mensch wendet sich dem zu, was für ihn neu ist, aber nicht zu neu.»

Und nach den Erkenntnissen von Piaget ist es die Diskrepanz zwischen der Wahrnehmungs- / Handlungsstruktur und ihrer «Brauchbarkeit», die zur Fortenwicklung der Intelligenz antreibt.

Und wir betonen hier, daß beide Formulierungen denselben Sachverhalt beschreiben.

Da ist nicht nur kein Lehrer im Spiel, Lehrer sind dabei hinderlich. Sie lenken von dem ab, was sich im Augenblick zwischen der Struktur der Welt und der inneren Struktur des Individuums ereignet.

Piaget formulierte das einmal so: «Was man dem Kind beibringt, kann es nicht mehr selber entdecken.» Aber nur das, muß man hinzufügen, was es selber entdeckt, verbessert seine Fähigkeit, Probleme zu verstehen und zu lösen.

Lehrerinnen und Lehrer sind eine besondere Komponente in der *vorbereiteten Umgebung,* über deren Bedeutung wir uns auf S. 49 Gedanken machen.

Wir wußten eine Million Jahre nichts davon, daß sich die Intelligenz so einfach in der Auseinandersetzung mit der Umwelt herausbildet. Wir wußten eine Million Jahre nichts davon, daß die Intelligenz das Ergebnis dieses Prozesses von Aneignung von Umwelt und ihrer Veränderung ist.

Und einige hundert Jahre lang waren die Schulmeister der Ansicht, man könne den Kindern Intelligenz durch Wissen einflößen.

Maria Montessori hat gespürt und ein Leben lang erforscht, wie die menschliche Kraft, die Welt zu verstehen, sich wirklich entwickkelt.

Indem sie die Kinder beobachtete und ernst nahm, was sie sah, kam sie der Sache auf die Spur.

Sie erkannte, daß die Kinder aus eigenem Antrieb sich mit den Dingen beschäftigen, wenn man ihnen die richtigen Materialien anbietet.

Deshalb formulierte sie den *Grundsatz der freien Wahl.*

Und deshalb entwickelte sie eine Unmenge von Materialien, deren Ensemble zusammen mit der zur Zurückhaltung und «Demut» ausgebildeten Erzieherin sie die *vorbereitete Umgebung* nannte.

So war sichergestellt, daß die *aus den Kindern selbst kommenden*, auf ihren schon erworbenen Strukturen basierenden *Energien* den Aneignungsprozeß antreiben.

Es war ferner sichergestellt, daß die Kinder sich, *da nicht beeinflußt*, genau das aussuchen können, das den nächsten notwendigen Schritt ihrer Entwicklung darstellt.

Und durch die *Vielfalt* der mit großer Sorgfalt entwickelten Materialien war und ist sichergestellt, daß die Kinder in jedem Augenblick die Herausforderung finden können, die sie auf dem jeweiligen Stand ihrer Entwicklung brauchen und die sie weiterbringt.

Völlig gelassen konstatierte Maria Montessori nach Einführung der freien Wahl im ersten Kinderhaus, daß die Kinder einige der von ihr entwickelten Materialien links liegen ließen, während sie andere bevorzugten. Sie wußte ja, daß dies völlig in Ordnung ist, weil die Kinder die Meister ihrer eigenen Entwicklung sind.

Die gleiche Gelassenheit ist bei den Schülerinnen und Schülern der Maria Montessori nicht immer anzutreffen.

Zwar betont die schon erwähnte Frau Hainstock, die Eltern ermutigt, ihre Kinder nach der Methode Montessori zu unterrichten, daß «die Führungsrolle immer beim Kind selbst liegen sollte». Aber sie fügt dann gleich drohend hinzu: «Alles, was das Kind lernt, hängt allein von Ihnen, seinem Lehrer, ab.» (Hainstock, S. 7 / 8)

Diese Maxime steht weder im Einklang mit Maria Montessoris

unablässig wiederholtem Prinzip von der Freiheit[*] des Kindes, noch mit den Gesetzen, nach denen sich die Intelligenz nach den Erkenntnissen von Piaget und anderen entwickelt.

Auch die professionellen Montessori-Pädagogen sind sich in der Hinsicht nicht einig.

Ärgerlicherweise kommt es immer wieder vor, daß Kinder die in der vorbereiteten Umgebung bereit liegenden Materialien nicht annehmen – jedenfalls nicht in der Form, wie die Erzieherinnen und Erzieher es erwarten und sich wünschen. Ja, manchmal bemächtigen sie sich des einen oder anderen Materials und gehen damit auf ganz eigenmächtige Weise um, ganz anders, als es von Maria Montessori gedacht war und sie es aufgeschrieben hat.

In der Einleitung zu *Das Tägliche Leben* von Ingrid Geßlein und anderen lesen wir:

«Fälschlicherweise werden oft Situationen, in denen Kinder die Arbeitsmaterialien ‹unsachgemäß› verwenden, als Ausdruck von Phantasie interpretiert. Mit unsachgemäß ist gemeint, daß, wenn etwa aus der braunen Treppe in der Phantasie eines Kindes ein Zug entsteht, ihm der eigentliche Wert der Erschließung der Welt durch dieses Material verborgen bleiben kann.» (Geßlein, *Das Tägliche Leben*, S. 11)

Das kann es nicht. Wenn die von Montessori intuitiv erfaßten und die von Piaget erforschten Gesetze des Lernens und der Entwicklung richtig sind, dann kann es nicht geschehen, daß ein Kind durch seine freie Tätigkeit sich nicht die Welt aneignet.

Geßlein und andere sehen aber auch, daß ein solcher «phantasievoller» Umgang mit dem Montessori-Material eher darauf hindeutet, daß die Kinder *«mit dem Material noch nichts oder nichts mehr anfangen können»*.

Genau das ist es selbstverständlich.

[*] Die wichtigste ... ist eine Tätigkeit, die sich mit vom Geiste geleiteten Bewegungen der Hände in Konzentration auf eine Arbeit an einem beliebigen äußeren Objekt vollzieht. Hierbei treten einige charakteristische Erscheinungen auf, deren Beweggründe unverkennbar innerer Art sind, wie etwa die Wiederholung der Übungen und die freie Wahl der Objekte. Dann erscheint das wahre Kind: vor Freude strahlend in unermüdlicher Tätigkeit begriffen, denn in seinem Leben ist Tätigkeit gleichbedeutend mit einer Art seelischen Stoffwechsels, womit alle Entwicklung eng zusammenhängt. Von jetzt an verläuft alles gemäß seiner eigenen Wahl.» (Montessori, *Kinder sind anders*, S. 193)

Das ist es auch dann, wenn sie «*die Lektion gar nicht verstanden haben*».

Dann sind die Kinder eben noch nicht soweit oder schon darüber hinaus.

Verdienstvoll ist allerdings, wenn Geßlein u. a. darauf hinweisen, daß solches Spielen mit dem Montessori-Material darauf hindeuten kann, daß «die kindliche Vorstellungskraft damit beschäftigt (ist), sich der Wirklichkeit zu entziehen und sich vor den Eindrücken der Wirklichkeit zu schützen. Das kann der Fall sein, wenn das Kind unter Lebensbedingungen zu leiden hat, die es zunächst nicht anders verarbeiten kann (z. B. Gewalt in der Familie, sexueller Mißbrauch, Unterlegenheitsgefühle, Versagensängste, Scheidung der Eltern etc.). . . . . Aufgabe der Erzieherin ist es hier, sich dem Kind als Person und Material für ‹heilende› Aktivitäten anzubieten. Das Kind braucht Ermutigung, nicht entmutigendes Verbot und Kritik an der verletzlichsten Stelle seiner Persönlichkeit, dem Lernen.» (Geßlein, a. a. O., S. 11)

Kann man Naturgesetzen mißtrauen? Es ist ein Naturgesetz, daß sich der kind-menschliche Geist in einer Umgebung mit vielen Herausforderungen für seine Entwicklung selbsttätig genau diejenigen heraussucht, die zu einer noch besseren Anpassung der Schemata und Strukturen an die Wirklichkeit und damit zu einer besseren geistigen Bewältigung dieser Wirklichkeit führen.

Zu einer vorbereiteten Umgebung, wie sie von Montessori gemeint ist, gehört, daß den Kindern und ihren Möglichkeiten Vertrauen entgegengebracht, und das heißt ihnen Zeit gelassen wird. Natürlich ist es richtig, sie zu beobachten, um ihnen gegebenenfalls Hilfe und Unterstützung zukommen zu lassen, aber eben nicht aufzudrängen. Im Zweifelsfall ist es immer besser, sie respektvoll in Ruhe zu lassen.

Daß das nicht leicht ist – diese Erfahrung machte auch Rebeca Wild, als sie die erste Einrichtung nach Montessoris Grundsätzen gegründet hatte. Sie berichtet:

«Trotz meiner mangelnden praktischen Erfahrung waren hier die Ergebnisse mit einer wachsenden Anzahl von Kindern so überzeugend, daß die Eltern und wir selbst überrascht waren.

Da war zum Beispiel ein kleines, dickes, verwöhntes Mädchen.

Drei Monate lang tat es im Kindergarten nichts anderes als Fegen, Wischen und Tellerwaschen. Eines Tages fragte mich beim Abholen sein höchst vornehmer Vater mit ernster Miene: ‹Können Sie mir vielleicht erzählen, was Sie hier mit meiner Tochter machen?› Ich fühlte mich wegen meiner mangelnden Erfahrung gleich unsicher und in die Enge getrieben und versuchte, diesem Herrn eine kleine Lektion über das Montessori-System zu erteilen. Doch er winkte nur ab und meinte, das interessiere ihn nicht. ‹Sehen Sie›, erklärte er, ‹bevor meine Tochter in Ihren Kindergarten kam, war ich ihr gleichgültig, und jetzt liebt sie mich. Ich wollte nur wissen, wie Sie das fertiggebracht haben.›» (Wild, *Erziehung zum Sein*, S. 21)

Desgleichen berichtet sie von einem vierjährigen Jungen, der zwei Monate lang nur herumsaß oder herumstand, kein Material anfaßte, sich an keiner Gruppenaktivität beteiligte und sich anscheinend für nichts interessierte: «Selbst wenn ein Ball an seinen Fuß stieß, reagierte er nur mit einem gelangweilten Blick. Außerdem hatte er die Eigenart, sich selbst mit dem Namen seines um zwei Jahre älteren Bruders und mich mit dem Namen der Lehrerin seines Bruders zu bezeichnen. Meine vorwiegend theoretischen Kenntnisse von der ‹spontanen Aktivität› des Kindes wurden von ihm stark auf die Probe gestellt. Oft mußte ich in Gedanken meine Hände hinter dem Rücken festbinden, um diesen Jungen nicht zu einer mir sinnvoll erscheinenden Beschäftigung zu bewegen. Er hatte es offenbar darauf angelegt, meinen Glauben an die Fähigkeit zur Selbsterziehung des Kindes, die in Maria Montessoris Büchern so eindrucksvoll ausgemalt wird, im Keim zu ersticken.»

Rebeca Wild fühlte sich arg bedrängt durch dieses Kind. Und um sich selbst nicht allzusehr zu strapazieren, gab sie ihm innerlich drei Monate Zeit zum Nichtstun: «Ein paar Tage vor dieser Gnadenfrist schoß er zum ersten Mal einen Ball zurück, der auf ihn zurollte. Am folgenden Tag stürzte er sich mit Heißhunger auf jedes Material, das in den Fächern bereitlag, und bewies mit jeder Bewegung, daß er den Gebrauch eines jeden Gegenstandes aus seinen ‹untätigen› Beobachtungen sehr wohl kannte. Eine Woche später war er der Organisator und Initiator aller Gruppenspiele, und täglich konnte man unzählige Male seinen hellen Ruf vernehmen: ‹Yo, yo, yo quiero.› (Ich, ich, ich will.)

Am Ende des Schuljahres luden uns seine Eltern zum Abendessen ein und sprachen uns ihren Dank aus. Ihrer Meinung nach hatte ihr kleiner Paul in diesen zehn Monaten so große Fortschritte gemacht, daß er seinen großen Bruder, der Schüler einer der besten Schulen Calis war, an Selbstvertrauen, Initiative, Reaktions- und Beobachtungsfähigkeit und Zusammenarbeit weit überflügelte.» (Wild, *Erziehung zum Sein*, S. 22)

Die Lernpsychologie kennt auch dieses Phänomen. Sie nennt es «Lernplateau». In einer solchen Zeit scheinbaren Nichtstuns und keiner feststellbaren Lernfortschritte organisiert sich offensichtlich in uns einiges neu, wird der Boden vorbereitet für einen gewaltigen Sprung, wie ihn Rebeca Wild glücklicherweise vor Ablauf der etwas fahrlässig gesetzten Frist von drei Monaten erleben durfte.

Positive Geduld, d. h. eine von Zuversicht und Kenntnis der naturgesetzlichen Abläufe des Lernens getragene Geduld, ist elementar wichtig für jene Kinder, die in ihrem Leben von der normalen Entwicklung abweichen mußten.

Und weil dies so wichtig ist, bringen wir hier noch einige Beispiele, die zeigen, daß die positive, respektvolle Geduld gegenüber den Zögernden und Abwartenden unter den Schülerinnen und Schülern so wichtig und fruchtbar ist.

Maria Montessori erzählt in *Kinder sind anders* von Kindern aus – wie sie es nennt – «bevorzugten Gesellschaftsschichten». Sie schildert, wie diese Kinder in den Montessori-Einrichtungen zunächst kein Interesse zeigen, weil sie «schon mit seltenen Gegenständen und mit kostbarem Spielzeug bis zum Überdruß versehen sind, kaum noch auf derartige Reize ansprechen.» (Montessori, *Kinder sind anders*, S. 200) Und zum Beleg zitiert sie u. a. eine amerikanische Lehrerin, Miss G. aus Washington: «Die Kinder rissen einander die Gegenstände aus den Händen: wollte ich einem Schüler einen Gegenstand zeigen, so ließen die anderen fallen, was sie in der Hand hatten, und scharten sich lärmend und ziellos um uns. Hatte ich einen Gegenstand zu Ende erklärt, so balgten sich alle um seinen Besitz.»

Die junge Montessori-Lehrerin ist ziemlich verzweifelt, weil die Kinder sich für das hochgelobte Unterrichtsmaterial ihrer Meisterin nicht interessierten, daß keiner der Gegenstände sie zu fesseln vermochte.

Miss G. fährt fort: «Oftmals war die Bewegung der Kinder völlig ziellos, sie rannten im Zimmer umher ohne jeden festen Richtungspunkt. ... sie stießen gegen den Tisch, warfen Stühle um und traten rücksichtslos auf Lehrmitteln herum.»

Wie schwer es auch fiel, die Erzieherin griff nur ein, wenn die Kinder sich gegenseitig weh taten oder anfingen, Dinge zu zerstören. Der Erfolg der Nichteinmischung, von Montessori streng gefordert, stellt sich ein:

«In wenigen Tagen begann die nebelhafte Masse wirbelnder Teilchen festere Form anzunehmen. Die Kinder gewannen allmählich innere Richtung: nach und nach bekamen sie Interesse an vielen Gegenständen, die sie anfänglich als dummen Spielkram zurückgewiesen hatten, und aus diesem Interesse heraus begannen sie als unabhängige, sehr ausgeprägte Einzelwesen zu handeln. So kam es vor, daß ein Gegenstand, der die ganze Aufmerksamkeit des einen Kindes in Anspruch nahm, auf das andere auch nicht den geringsten Reiz ausübte; die Kinder unterschieden sich stark in den Äußerungen ihrer Aufmerksamkeit. Das Spiel ist erst dann endgültig gewonnen, wenn das Kind irgendeinen besonderen Gegenstand entdeckt hat, der in ihm ein tiefes und spontanes Interesse erweckt.»

Ja, kann man vom heutigen Standpunkt hinzufügen. Dann hat es etwas gefunden, was mit seiner Struktur eine optimale Diskrepanz zur inneren Struktur des Kindes erzeugt und so einen Aneignungsprozeß in Gang setzt.

Aber lassen wir Miss G. weitererzählen: «Bisweilen kommt diese Begeisterung unverhofft und verwunderlich. ... Ein Kind, das anfangs nur ein geringes Konzentrationsvermögen hatte, gelangte aus diesem chaotischen Zustand dadurch heraus, daß es sich mit einem der schwierigsten Gegenstände beschäftigte: mit den sogenannten Längen. Es spielte eine Woche lang fortwährend damit und lernte dabei rechnen und einfache Additionen vornehmen. Dann kehrte es zu den einfacheren Gegenständen zurück: zu den Einsätzen und den Zylindern, und beschäftigte sich mit allen Teilen des Materials.»

Diese Schilderung wiederum zeigt, wie subjektiv Wahrnehmungen der Erwachsenen notwendigerweise sind. Es ist von der Logik der inneren Entwicklung her klar, daß die Gegenstände, zu denen

das Kind dann «zurückkehrte», für das Kind keineswegs die «einfacheren» waren. Die Zuwendung zu den Dingen erfolgt stets nach dem schon wiederholt zitierten Prinzip der intrinsischen Motivation: «Der Mensch wendet sich dem zu, was für ihn neu ist, aber nicht zu neu.»

Für Miss G. waren möglicherweise die Längen schwieriger als die Einsatzzylinder. Ihr Zuwendungsprozeß wäre logischerweise gewesen: erst Zylinder und dann Längen. Beim Kind aber war es eben umgekehrt.

Das zeigt, wie vorsichtig auch die Erzieherinnen beim Anbieten von Materialien sein müssen. Auch wenn sich aufgrund der Erfahrungen eine häufig zutreffende Reihenfolge ergeben hat, die dann auch in den Handbüchern für Montessori-Erzieherinnen steht, so muß sie doch immer mit der Möglichkeit rechnen, daß es im Einzelfall anders liegt. Sie muß also stets wach genug sein, um wahrzunehmen, ob das Kind vielleicht andere Präferenzen hat. Probleme – daß das Kind mit dem Material nichts anfangen kann, die Lust verliert – können dann auftreten, wenn die Erzieherin nach Schema F verfährt.

Noch einmal Miss G.: «Kaum haben die Kinder einen Gegenstand gefunden, der sie interessiert, so verschwindet auch schon unversehens die Disziplinlosigkeit, und die geistige Untätigkeit hört auf.» (Montessori, *Kinder sind anders*, S. 201 / 202)

Von derselben Lehrerin stammt auch folgender Bericht darüber, wie die Materialien über das Wecken eigener Interessen zur Persönlichkeitsentwicklung beitragen: «Wir hatten zwei Schwestern hier, die eine drei, die andere fünf Jahre alt. Die dreijährige existierte als Eigenwesen nicht, sie folgte in allem getreulich der älteren Schwester: die ältere hatte einen blauen Bleistift, also war die kleine nicht eher zufrieden, bis auch sie einen hatte, die ältere aß nur Butterbrot, also auch die jüngere usw. usw. Das kleine Mädchen nahm an nichts in der Schule Anteil, sondern ahmte nur in allem seine Schwester nach. Da interessierte sich die Kleine eines Tages plötzlich für die rosa Würfel: sie baut ihren Turm, nimmt lebhaftesten Anteil, wiederholt des öfteren diese Übung und vergißt völlig ihre Schwester. Die ältere ist darüber so verwundert, daß sie die jüngere ruft und sie fragt: ‹Wie kommt es, daß du den Turm baust, wenn ich einen Kreis ausfülle?› Von jenem Tag an wurde die Kleine zur Persönlichkeit, begann sich selbständig zu entwickeln und war nicht länger nur das Spiegelbild der Schwester.» (A. a. O., S. 202 / 203)

Wenn das freie Kind in der (vorbereiteten) Umgebung auf das trifft, was – um es mit der Sprache der Psychologen zu sagen – für es «neu, aber nicht zu neu» ist, was mit einer spezifischen Differenz zu den vorhandenen Strukturen des Kindes das Interesse zu wecken vermag, findet es zu sich. Und es geschieht genau das, was Maria Montessori immer wieder so begeistert beschrieben hat.

Beschließen wir dieses wichtige Kapitel mit einer Geschichte, die wir im Berliner Legastheniker-Zentrum von der Psychologin Margret Uhde erfahren haben. Hier geht es um ein schwer gestörtes Kind. Frau Uhde hat eine ganz eigene Form der diskreten Zuwendung zu diesem Kind entwickelt. Sie hat ihm seine Freiheit gelassen, hat versucht, für das Kind da zu sein, ohne es zu bedrängen oder ihm den Respekt zu versagen.

Sie erzählt: «Das war ein Kind, das überhaupt nicht lesen und schreiben konnte, in der Schule nicht still gesessen hat, sondern sich meistens unter der Bank aufhielt, keine Bleistifte, kein Papier dabei hatte, überhaupt nichts gemacht hat, und von allen für verrückt gehalten wurde. Und auch bei uns hat das Kind sich von Anfang an unheimlich strikt geweigert, zu lesen und zu schreiben. Wenn ich angefangen habe, ihm z. B. einen Arbeitsbogen gegeben habe oder mit ihm zusammen ein bißchen was an der Tafel mit bunter Kreide aufschreiben wollte – er hat sich nicht zwingen lassen, er ist immer weggelaufen und war verschwunden. Ich bekam dann heraus, daß er sich in irgendwelchen Schränken oder Kisten aufhielt.

Wir sind damals hier im Legastheniezentrum Berlin durch unsere Diskussionen und den Erfahrungsaustausch unter uns Psychologen zu der Erkenntnis gekommen, daß in solchen Fällen das Üben sinnlos ist. Daß wir die Kinder nicht zwingen können, etwas zu lernen. Daß wir andere Wege probieren müssen. Dadurch war ich von diesem Lehr-Druck befreit. Und ich habe einfach zuerst einmal versucht herauszubekommen, was das für ein Kind ist und was es macht. Ich bin ihm einfach, d. h. wir Pädagogen sind ihm einfach nachgegangen. Wir haben uns mehr auf das eingelassen, was er uns angeboten hat. Das war halt, in Kisten zu spielen. So sind wir mit in die Kiste gegangen und haben mit ihm in der Kiste gespielt. Eine ganze Zeitlang. Und manchmal machen wir das noch heute. Und wie wir uns so auf ihn eingelassen haben, hat sich parallel dazu in der Schule ganz langsam eine Entwicklung gezeigt. Zuerst fing er an, Bleistifte und Hefte mit in die Schule zu nehmen. Dann hat er auch Bücher mitgebracht. Aber zu Anfang hat er, wenn Erdkundeunterricht war, das Englischbuch auf den Tisch gelegt und darin gelesen. Er konnte sich überhaupt nicht integrieren oder an das anpassen, was die anderen gemacht haben. Trotzdem fanden wir, daß das schon ein großer Erfolg war. Nun hatte er zum Glück auch noch eine Lehrerin, die das auch als einen Fortschritt angesehen hat. Dann hat er angefangen, wenn Deutsch unterrichtet wurde, auch sein Deutschbuch herauszunehmen. Aber er hat ein anderes Kapitel aufgeschlagen als die anderen Kinder. Im Augenblick ist er nun so weit, daß er bei dem Kapitel mitmacht, wo alle anderen dran sind. Auch sein Verhalten hier bei uns in der Therapie hat sich sehr verändert. Im Augenblick lernt er gerade, sich an Regeln zu gewöhnen bzw. Regeln zu akzeptieren. Ich muß dazu vielleicht noch etwas erklären. Er war total allein, isoliert, er lebte nur mit seiner Großmutter zusammen. Es war wohl für ihn, wie wenn er auf einer Insel gelebt hätte, ohne Kontakt zu irgend jemand. Und in dieser Situation gab es für ihn auch keine Regeln und, wie wir herausgefunden haben, auch keine Gespräche oder Verbindungen zu irgend jemandem. Und nun ist er gerade auf der Lernstufe, zu akzeptieren, daß andere auch da sind und etwas machen. Er bekommt immer noch Schwierigkeiten mit anderen Kindern, wenn er in deren Spiel eingreift und die sich dann ärgern. Er versteht es nicht, und wir haben es ihm neulich mal erklärt.

‹Du bist doch mit deinen Rollschuhen ins Fußballspiel eingedrungen.›

Da sagte er: ‹Es war aber doch nur eine Sekunde.› Aber das ärgert die natürlich schon. Und er war wahnsinnig verwundert, weil er einfach nicht so eingeschätzt hatte, daß, eine Sekunde ganz schnell mal durch das Fußballspiel zu huschen, denen was ausmacht. Nun aber versteht er das, glaube ich. Er hat inzwischen eine Menge mitbekommen. Dieser Prozeß hat unheimlich lange gedauert. Vier Jahre, bis er aus seiner Einsamkeit herausgekommen ist. Und was seine Legasthenie angeht, er hat inzwischen auch gelernt zu lesen, er liest selber, und seine Großmutter sagt uns, daß er in die Bücherei geht, Bücher ausleiht und von allein liest. Neulich hat er an die Mickymaus-Redaktion geschrieben und Veränderungsvorschläge eingereicht. Also ich finde das wirklich ganz toll für das Kind. Er hat es ja nicht in der Schule gelernt, mit Schriftsprache umzugehen, sondern, als die Schwierigkeiten weg waren, so nebenbei.»

Dieser Junge hätte mit Sicherheit auch nicht sofort nach den Montessori-Materialien gegriffen. Er muße erst Mut fassen dürfen und das Gefühl bekommen, daß er so akzeptiert wird, wie er ist. Und er hatte genug Kraft, sich nicht einfach zu unterwerfen. Aber wäre er in einer Montessori-Einrichtung gewesen, wo man ihm auch die Freiheit gelassen und mit dem Respekt behandelt hätte, wie Margret Uhde das getan hat: Mit Sicherheit hätte er Materialien gefunden, die ihm weitergeholfen hätten, und er hätte keine vier Jahre gebraucht für den Prozeß seiner «Normalisation»

Teil 3

Das Geheimnis des Montessori-Materials

Das Geheimnis des Montessori-Materials ist nicht nur in ihm verborgen, sondern es lüftet sich nur, wenn wir auch den Kontext betrachten, in dem es den Kindern angeboten wird. Das ist die «vorbereitete Umgebung». Und zu dieser vorbereiteten Umgebung gehört neben der respektvollen Erzieherin und den vielfältigen Materialien als erstes und vielleicht wichtigstes das Prinzip der freien Wahl, das wir schon besprochen haben (s. S. 94).

Um diese freie Wahl zu ermöglichen, ist Maria Montessori schon in der *Casa dei Bambini* – wie sie schreibt – «zu den niedrigen Schränken übergegangen, in denen das Material in Reichweite der Kinder und zu deren Verfügung bleibt, so daß sie es gemäß ihren inneren Bedürfnissen selber wählen können. ... Aus dieser freien Wahl haben sich allerlei Beobachtungen über die Tendenzen und seelischen Bedürfnisse der Kinder ergeben. Eines der ersten interessanten Ergebnisse bestand darin, daß die Kinder sich nicht für das ganze von mir vorbereitete Material interessierten, sondern nur für einzelne Stücke daraus. Mehr oder weniger wählten sie alle dasselbe: einige Objekte wurden sichtlich bevorzugt, während andere unberührt liegenblieben und allmählich verstaubten. ... Mit der Zeit begriff ich dann, daß *alles* in der Umwelt des Kindes nicht nur Ordnung, sondern ein bestimmtes *Maß* haben muß, und daß Interesse und Konzentration in dem Grade wachsen, wie Verwirrendes und Überflüssiges ausgeschieden wird.» (Montessori, *Kinder sind anders*, S. 169)

Einzig die freie Wahl in einer Umgebung mit sinnvollen Angeboten ermöglicht es, daß das Kind sich immer den Dingen zuwendet, die für seine Entwicklung im Augenblick wichtig und förderlich sind. Deswegen ist auch die besondere Haltung der Montessori-Erzieherin so wichtig, die dem Kind für diese freie Wahl den notwendigen Raum läßt, indem sie es weder mit Worten noch durch stummes Begehren zu lenken versucht.

Aber natürlich steckt auch in den Materialien von Maria Montessori etwas, das für ihre Wirksamkeit unerläßlich ist. Und es ist wiederum spannend, daß die Kinder das erspüren.

Maria Montessori war überrascht, daß die Kinder einen Teil ihrer sorgfältig erarbeiteten Sachen einfach links liegen ließen und daß sie sich auch um die Spielsachen nicht scherten.

Sie schreibt: «Obwohl ... den Kindern wahrhaftig prächtige Spielsachen zur Verfügung standen, kümmerte sich keines der Kinder darum. Das überraschte mich dermaßen, daß ich selber eingriff, die Spielsachen mit den Kindern benützte, ihnen zeigte, wie mit dem kleinen Küchengeschirr umzugehen sei, wie der Herd in der Puppenküche angezündet werden konnte. Die Kinder interessierten sich einen Augenblick lang, entfernten sich dann und wählten diese Dinge niemals spontan als Spielzeug. Das brachte mich auf den Gedanken, im Leben des Kindes sei Spielen vielleicht etwas Untergeordnetes, zu dem es nur dann seine Zuflucht nimmt, wenn ihm nichts Besseres, von ihm höher Bewertetes zur Verfügung steht.» (Montessori, *Kinder sind anders*, S. 170)

Wenn wir uns fragen, warum die Materialien, wie wir sie im folgenden vorstellen, von den Kindern höher bewertet wurden und werden als viele Spielzeuge, dann kann man vom Standpunkt der modernen Psychologie folgende Antwort geben:

Notwendige, aber nicht hinreichende Bedingung ist, daß die Mathematikmaterialien Handeln ermöglichen, das – wie z. B. ein Puzzle – einen herausfordernden Charakter hat.

Notwendige und hinreichende Bedingung ist, daß die Materialien – ebenfalls wie ein Puzzle – dem Benutzer eine Selbstkontrolle des Erfolges ermöglichen.

Nur diese beiden Merkmale gemeinsam führen zu einer Veränderung der inneren Strukturen, das heißt zur Entwicklung von Intelligenz.

Maria Montessori hat bei der Entwicklung der Materialien – das gilt besonders für die Sinnesmaterialien – Eigenschaften wie Farbe, Form und Größe besonders betont, d. h. in verschiedenen Materialien spielt jeweils eine dieser Eigenschaften eine besondere Rolle.

Maria Montessori ging davon aus, daß die «Isolation» bestimmter Eigenschaften dem Lernprozeß förderlich sei. Sie hat der Isolation der Merkmale eine wohl nicht in allen Fällen gerechtfertigte Bedeutung unterstellt, wenn sie schreibt: «In unserem Material (steckt) eine Klassifikation der Eigenschaften der Gegenstände, und daraus entspringt eine der wirkungsvollsten Hilfen für die geistige Ordnung.» (Montessori, *Das kreative Kind,* S. 164)

Wir wissen heute, daß jeder Lernprozeß *ganzheitlich* handelndes Lernen ist. Worin besteht nun die Bedeutung der Isolierung einzelner Eigenschaften?

Betrachten wir etwa den *Rosa Turm,* bei dem das Merkmal Größe von der Autorin «hervorgehoben» ist. Dieses Merkmal gibt es natürlich auch bei vielen anderen Materialien wie z. B. den *Roten Stangen,* die ebenfalls von groß nach klein variieren.

Beim Gebrauch all dieser Materialien durch das Kind werden ähnliche Strukturveränderungen der Intelligenz stattfinden.

Der Unterschied besteht in der Focussierung durch die Erzieherin, d. h. vor allem im Sprachgebrauch. Im einen Fall wird von «Größe», im anderen Fall von «Länge» gesprochen.

Damit werden die unterschiedlichen sprachlichen Begriffe eingeübt und das in unserer Kultur so wichtige analytische Denken begünstigt. In anderen Fällen aber – wie z. B. bei den Farbtäfelchen – dient die Isolation der Heraushebung des kulturell Wichtigen und Bedeutsamen. Farbnuancen benennen zu können, ist in unserer Kultur ungefähr so wichtig wie in Grönland das Beherrschen einer großen Anzahl differenzierter Begriffe für Schnee und Eis.

Kapitel 6
Das Sinnesmaterial

Auf den ersten Blick ist es überraschend, wenn Maria Montessori einen Teil ihrer Materialien als «Sinnesmaterial» bezeichnet. Schließlich beruhen alle ihre Materialien auf der Erkenntnis, daß das Lernen und die Entwicklung intelligenter Strukturen sowie die Herausbildung von Selbstwertgefühl durch die handelnde Betätigung der Sinne entstehen.

Verstehen können wir diese Begriffswahl, wenn wir uns vergegenwärtigen, daß für Montessori die «Isolation» von einzelnen Lerngegenständen eine ganz wichtige Rolle spielte (s. dazu S. 108).

Die Sinnesmaterialien sprechen die verschiedenen Sinne an und sollen ihrer gezielten Herausbildung und Verfeinerung dienen. Das geschieht bei Maria Montessori keineswegs als Selbstzweck.

Die Erziehung der Sinne soll «Menschen formen, die beobachten» und damit bereitet sie «unmittelbar auf das praktische Leben vor» (Montessori, *Die Entdeckung des Kindes*, S. 161).

Die mangelhafte Entwicklung der Sinne sieht sie als eine Quelle vieler Übel.

So schreibt sie beispielsweise sehr plastisch: «Die Köchin kann gebildet sein und ausgezeichnet die in einem Kochbuch angegebenen Mengen und Zeiten kennen, die nötigen Handgriffe machen, um den Gerichten die gewünschte Form zu geben. Wenn es sich jedoch darum handelt, mit dem Geruchssinn den richtigen Zeitpunkt beim Kochen und mit dem Auge oder dem Tastsinn den Moment abzuschätzen, an dem ein bestimmtes Gewürz zugegeben werden soll, dann wird die Köchin versagen, wenn sie nicht über genügend geschulte Sinne verfügt. Sie muß sich dann diese Geschicklichkeit in langer *Praxis* erwerben, die im Grunde nichts weiter als eine *verspätete,* oft beim Erwachsenen nicht mehr wirksame *Sinneserziehung* ist.» (A. a. O., S. 161)

Ein anderes Beispiel: «Der Medizinstudent studiert theoretisch die Semiotik des Pulses – und stellt sich an das Bett des Patienten mit dem besten Willen, sie zu erkennen –, doch wenn es seinen Fingern nicht gelingt, das Phänomen zu erfassen, dann waren sein Studium und sein Streben umsonst. Um Arzt zu werden, fehlt ihm *die Fähigkeit zur Differenzierung der Sinnesreize.* Dasselbe läßt sich über *Herztöne* sagen, … . Gleiches gilt auch für *Fieberschauer* und Zittern, die zu erfassen die Hand untauglich ist. … Es ist bekannt, daß ein Arzt *begabt und ausgesprochen intelligent* sein kann, ohne ein *guter Praktiker* zu sein, und daß *lange Übung* notwendig ist, um einen guten Praktiker heranzubilden. In Wirklichkeit ist diese *langwierige Übung* nichts weiter als eine *verspätete* und häufig erfolglose *Sinnesübung.*» (A. a. O., S. 161 / 162)

Wenn man liest, welche «Übel» sie da beschreibt, fühlt man sich an die Ergebnisse der modernen Hirnforschung erinnert, als deren Konsequenz die Schule enorm kritisiert wird, weil sie mit ihren Angeboten nur die linke Hirnhälfte bedient und die rechte Hirnhälfte brachlegt.

Montessori hat, ohne diese Forschungen zu kennen, nur aufgrund der genauen Beobachtung des Verhaltens der Kinder, in ihren Methoden die rechte Hirnhälfte, und man muß ergänzen den ganzen lernenden Körper, berücksichtigt. Und genau dazu dienen die Sinnesmaterialien in ganz besonderer Weise (siehe Tabelle).

Die Hirnforschung hat gezeigt, daß die rechte Hirnhemisphäre andere Schwerpunkte und Aufgabenbereiche hat als die linke und umgekehrt: Die linke mehr analytisch und abstrakt, die rechte mehr ganzheitlich und konkret:

Linke Gehirnhälfte	Rechte Gehirnhälfte
Hören	Sehen
analysierend	synthetisierend
abstrakt	konkret
rational	emotional
zeitlich	räumlich
objektiv	subjetiv
aktiv	passiv
angespannt	entspannt
mental	intuitiv

Wenn unter den Sinnesmaterialien die Einsatzzylinder, die Roten Stangen, die Braune Treppe und ähnliche Materialien sind, so offenbar, weil diese eine sinnliche Qualität haben – des Be*greifens*, *Sehens*, *Wahrnehmens* etc.

Die meisten anderen der Sinnesmaterialien sind *bestimmten* Sinnen zugeordnet, so dem Sinn für *Farb*wahrnehmungen, welches eine Art Unterabteilung des *Gesichts*sinns ist, dem *Muskel*- oder auch stereognostischen Sinn, dem *Tast*sinn, dem *Wärme*sinn, welcher uns die Temperaturempfindungen vermittelt, dem *Gewichts*sinn, der uns ermöglicht, unterschiedliche Gewichte zu empfinden, dem *Gehör*sinn, dem *Geschmacks*sinn und dem *Geruchs*sinn.

Überrascht stellen wir, wenn wir durchzählen, fest, daß wir auf acht Sinne kommen, den Farbsinn nicht einmal extra gezählt. Dabei ist dem Volksmund schon der sechste Sinn übersinnlich. Maria Montessori kennt und übt mehr Sinne.

Die Einsatzzylinder

Das Material

Vier lackierte Holzblöcke, jeder 8 Zentimeter breit, 55 Zentimeter lang, 6 Zentimeter hoch: Jeder Holzblock enthält in dafür vorgesehenen Öffnungen zehn glatte, leicht gleitende Zylinder. Jeder hat auf der Oberseite ein Knöpfchen als Griff, an dem man ihn herausziehen und hineinstecken kann.

Jeder dieser vier Blöcke sieht mit den darin steckenden kleinen Zylindern wie ein Satz Gewichte für eine Waage aus.

Die Blöcke unterscheiden sich durch die Art der Zylinder.

Im *ersten* Block haben die Zylinder alle den *gleichen Durchmesser* und *verschiedene Höhe*; der niedrigste ist 10, der höchste 55 mm hoch.

Im *zweiten* Block sind die Zylinder *bei gleicher* Höhe im *Durchmesser* unterschieden: der kleinste Zylinder hat einen Durchmesser von 10 mm, der zweite einen von 15 mm und so fort bis zum dicksten mit einem Durchmesser von 55 mm.

Im *dritten* Block sind die Zylinder in *Höhe* und *Durchmesser* unterschieden: vom 55 mm dicken und 55 mm hohen Zylinder bis zum 10 mm dicken und 10 mm hohen.

Im *vierten* Block sind ebenfalls *Höhe* und *Durchmesser* verschieden: allerdings ist der dickste zugleich der niedrigste und der dünnste Zylinder – 10 mm Durchmesser – ist der höchste – 55 mm hoch.

Ab wann
Kinder interessieren sich ab 2 ½ für dieses Material.

Wie es gemacht wird
Die Erzieherin beginnt in der Regel mit den Zylindern gleicher Höhe, weil es bei diesen nicht geschehen kann, daß ein niedriger Zylinder in einem tiefen Loch verschwindet.

Wenn das Kind bereit ist, sich den Umgang mit den Zylindern zeigen zu lassen, stellt die Erzieherin den Zylinderblock auf den Tisch, nimmt alle Einsätze heraus, mischt sie, sucht dann für jeden den richtigen Platz und steckt ihn in «seine» Öffnung.

Wenn alle Zylinder «ihren» Platz gefunden haben, ist es klar, daß sie alles «richtig» gemacht hat.

Dann fordert sie das Kind auf, es ihm nachzutun.

Erfolgskontrolle
Die Zylinder passen nur in die für sie vorgesehene Öffnung.

Wir erinnern uns an die Geschichte, die Maria Montessori von dem Mädchen in der *Casa dei Bambini* erzählt, das mit Einsatzzylindern so konzentriert arbeitete, daß sie es nicht durch das Singen der Mitschüler und auch nicht dadurch ablenken konnte, daß sie das Kind samt Stühlchen auf einen Tisch stellte (s. S. 38).

Der Umgang mit dem Material kann in vielfacher Weise variiert werden: Das Kind kann
– mit zwei, drei oder vier Blöcken gleichzeitig arbeiten,
– mit verbundenen Augen arbeiten.
Es wird auch Partnerarbeit vorgeschlagen, z. B.
– benutzen vier Kinder alle vier Zylinderblöcke, die Zylinder kommen in die Mitte des Tisches, jedes Kind sucht die zu seinem

Die Einsatzzylinder: Maria Montessori staunte, als sie sah, wie ein etwa dreijähriges Mädchen Holzzylinder in Öffnungen steckte, wieder herausnahm, wieder hineinsteckte, wieder herausnahm und nicht damit aufhörte und sich auch durch die ausgefallensten Ablenkungsversuche nicht davon abbringen ließ. Dieses Material hat sie auf Grund dieser Erfahrung gemacht und stellt es den Kindern in der vorbereiteten Umgebung des Kinderhauses zur Verfügung.

Block passenden Zylinder und bringt sie in den entsprechenden Öffnungen seines Blocks unter (nach Geßlein, *Sinnesmaterial,* S. 13 – 16).

Die knopflosen farbigen Zylinder

Das Material

Vier Kästen aus Holz mit verschiedenfarbigen Deckeln (blau, rot, gelb und grün) enthalten verschiedene Sätze Zylinder, wie wir sie von den Einsatzzylindern her kennen. Allerdings kommt hier noch die Farbe ins Spiel.

Jeder Satz Zylinder hat eine besondere Farbe:

Die Zylinder in der Formation des ersten Blocks der Einsatzzylinder (*gleiche Durchmesser, unterschiedliche Höhe*) sind *blau*.

Die Zylinder in der Formation des zweiten Blocks der Einsatzzylinder (*gleiche Höhe, unterschiedliche Durchmesser*) sind *rot*.

Die Zylinder in der Formation des dritten Blocks der Einsatzzylinder (*Höhe und Durchmesser synchron kleiner werdend*) sind *gelb*.

Die Zylinder in der Formation des vierten Blocks der Einsatzzylinder (*Höhe und Durchmesser verändern sich gegenläufig*) sind *grün*.

Rote Stangen

Ab wann
Kinder ab vier nehmen das Material an.

Wie es gemacht wird
Bei der Demonstration beginnt die Erzieherin mit den gelben Zylindern, die sich in *Höhe* und *Durchmesser* unterscheiden.

Aus den ungeordnet auf dem Tisch stehenden Zylindern nimmt sie zunächst den größten und stellt von ihm ausgehend eine nach rechts abnehmende Reihe auf.

Dann bringt sie die Zylinder wieder durcheinander und fordert das Kind auf, die Reihe so zu wiederholen, wie es sie gesehen hat.

Die anderen Farben werden nach und nach auf die gleiche Weise eingeführt.

Später kann das Kind auch mit zwei oder mehreren Farben arbeiten.

Es kann aus jedem Satz einen Turm oder eine Treppe bauen. Es hat dann entweder vier Treppen oder vier Türme, die es miteinander vergleichen kann.

Erfolgskontrolle
Die Erfolgskontrolle ergibt sich aus Regelmäßigkeit der Zylinderabfolge.

Erfolgskontrolle:
Die kleinste der roten Stangen paßt
in die Lücken.

Die Roten Stangen

Das Material
Zehn rote Stäbe, 2,5 x 2,5 Zentimeter stark, der kürzeste zehn, der längste 100 Zentimeter.

Ab wann
Es interessieren sich dafür Kinder ab 2½. Maria Montessori: «Um so lange und sperrige Gegenstände zu handhaben, muß das Kind den ganzen Körper bewegen; es muß hin- und hergehen, um diese Stangen zu transportieren und sie abgestuft nach ihrer Länge nebeneinander zu legen wie die Orgelpfeifen.» (Montessori, *Die Entdeckung des Kindes*, S. 141)

Wie es gemacht wird
Die roten Stangen liegen ungeordnet auf einem Teppich, der groß genug für das Kind und das Material ist. Die Erzieherin nimmt die längste, fährt mit der Hand die ganze Stange entlang und legt sie auf den Boden. Dann legt sie die nächstkürzere Stange linksbündig an die erste. So fährt sie fort, bis die kürzeste Stange erreicht ist.
Die Erzieherin fährt nun mit der Hand die Treppe nach, die durch die unterschiedlichen Längen der Stangen rechts entstanden ist. Dann legt sie die kürzeste Stange an das Ende verschiedener an-

derer Stangen. Es zeigt sich, daß so immer die Länge der vorhergehenden Stange erreicht wird. So sieht man, daß alles richtig ist.

Dann übergibt sie an das Kind.

Noch einmal Originalton Maria Montessori: «Hat das Kind die Stangen erst einmal wie die Orgelpfeifen nebeneinandergelegt, nimmt es alles wieder auseinander, mischt die Stangen und baut sie oft wieder zusammen, bis es zufrieden ist.» (Ebenda)

Eine weitere schöne Möglichkeit der Arbeit mit den roten Stangen besteht darin, jene zwei Stangen zu suchen, die aneinandergelegt die Länge der längsten Stange (1 m) ergeben.

Erfolgskontrolle

Die Erfolgskontrolle ergibt sich aus der Harmonie der Stangenabstufung bzw. durch das geschilderte Anlegen der kürzesten Stange an die anderen, wodurch die Länge der nächsten erreicht wird.

Die Braune Treppe

Das Material

Zehn braune Quader von 20 Zentimeter Länge mit unterschiedlicher Dicke. Der dickste Quader hat eine Seitenlänge von 10 Zentimetern, der dünnste eine von einem Zentimeter.

Ab wann

Ab 2½ Jahren nehmen die Kinder dieses Angebot an.

Wie es gemacht wird

Maria Montessori hat beobachtet, daß die Hand eines Kindes bei der Arbeit mit den braunen Klötzen bzw. Quadern schließlich automatisch genau die Stellung einnimmt, «die nötig ist, um einen Abstand von 10, von 9, von 8, von 7, von 6, 5, 4, 3, 2, 1 zu umspannen, das muskuläre Gedächtnis richtet sich also auf präzise abgestufte Abstände ein» (ebenda).

Die Quader werden auf einem Teppich durcheinandergebracht.

Die Erzieherin faßt den dicksten Quader, indem sie ihn mit einer

Braune Treppe: Der kleinste Quader entspricht mit seinem Zentimeter Kantenlänge dem Höhenunterschied zwischen den einzelnen Stufen.

Hand umgreift, und legt ihn vor sich hin. Dann greift sie den nächstdünneren Quader, legt ihn rechts daneben und streicht mit der Hand über die Oberfläche. Es folgen die anderen acht Quader, so daß ein treppenähnliches Gebilde entsteht.

Die Erzieherin zeigt abschließend, daß der kleinste Quader mit einem Zentimeter Kantenlänge das Maß für den Höhenunterschied zwischen den einzelnen Stufen ist.

Nun ist das Kind an der Reihe.

Ganz anders – nämlich viel steiler – sieht die Treppe aus, wenn die Klötze übereinander gebaut werden. Auch möglich, daß das Kind einen Turm daraus baut.

Die braunen Klötze entsprechen in den Grundflächen der quadratischen Funktion. Der erste Quader wäre demnach 1^2, der 2. Quader 2^2, der 3. Quader 3^2, der 4. 4^2 undsofort. Dies wirkt sich entsprechend auch auf das Volumen und demgemäß auch auf das Gewicht der Klötze aus. Somit geht bei der Arbeit die Anpassung des Greifens an unterschiedliche Dicken der Quader mit einer Erfahrung von sozusagen quadratisch unterschiedlichen Gewichten einher.

Erfolgskontrolle

Die Erfolgskontrolle ergibt sich aus der Harmonie der Treppenab-
stufung sowie aus dem Anlegen des kleinsten Quaders zum Erreichen der nächsten «Tritthöhe» (s. Abb. S. 117).

Der Rosa Turm

Das Material

Zehn rosa Würfel aus massivem Holz, der größte mit einer Kantenlänge von zehn, der kleinste mit einer Kantenlänge von einem Zentimeter.

Ab wann

Kinder nehmen dieses Material ab etwa 2½ Jahren an.

Wie es gemacht wird

Die Würfel kommen auf einen Teppich, der auch Platz für Kind und
Erzieherin bietet. Diese beginnt mit dem größten Würfel, den sie
vor sich aufstellt. Wichtig: Jeder Würfel wird mit einer Hand aufge-
nommen. Dann stellt sie den nächstkleineren auf den ersten, und
zwar genau in die Mitte. So geht es weiter, bis alle Würfel zu einem
Turm verbaut sind.

Maria Montessori: «Die schwerste all dieser Übungen ergibt sich
beim leichtesten Würfel von 1 Zentimeter Kantenlänge; der Arm
muß sehr sicher sein, um dieses kleine Ding in die Mitte zu stellen.
Das beweisen auch die intensive Aufmerksamkeit des Kindes und
seine offensichtliche Anstrengung.» (*Die Entdeckung des Kindes*,
S. 142)

Nun werden die Würfel wieder auf dem Teppich durcheinandergebracht. Und das Kind darf anfangen.

Daß jeder Würfel nur mit einer Hand genommen wird, ist wichtig, damit das Kind den Zusammenhang zwischen variierender
Größe und Gewicht «begreifen» kann. In diesem Fall entsprechen
die Veränderungen im Gewicht jeweils den Veränderungen der
Kantenlänge hoch drei.

Der Rosa Turm: Türme zu bauen ist eine Leidenschaft fast aller Kinder. Dieser Turm stellt Ansprüche, die ihn besonders interessant machen.

Geschafft. Auch der ganz kleine Quader hat seinen Platz an der Spitze des Rosa Turmes gefunden.

Erfolgskontrolle

Die Erfolgskontrolle ergibt sich aus der Harmonie der Würfelabstufung. Wenn der Turm so gebaut wird, daß auf einer Seite die Ecken genau übereinander gestellt werden, wird beim Anlegen des kleinsten Würfels immer die Breite des unteren dargestellt.

Die Konstruktiven Dreiecke

Das Material

Die «Konstruktiven Dreiecke» werden in fünf verschiedenen Holzkästen angeboten. Eine Beschreibung der sehr differenzierten Materialien, die ab dem dritten bzw. vierten Lebensjahr von Kindern akzeptiert werden, würde hier zu weit führen.

Wie es gemacht wird

Die Dreiecke sind an bestimmten Seiten mit schwarzen Linien markiert. Wenn die Dreiecke der ersten beiden Kästen an den schwarzen Linien aneinandergelegt werden, entstehen verschiedene viereckige Figuren: Das Kind entdeckt, daß sich aus *verschiedenen* Dreiecken *unterschiedliche* Vierecke bilden lassen.

Wenn die Dreiecke des dreieckigen Kastens an den schwarzen Linien aneinandergelegt werden, entstehen identische dreieckige Figuren (gleichseitige Dreiecke gleicher Größe).

Das weitere Material ermöglicht noch viele andere Zusammenfügungen bis hin zu Sechsecken.

Erfolgskontrolle

Die Erfolgskontrolle wird durch das Entstehen der neuen geometrischen Figuren (z. B. beim Zusammenlegen der Dreiecke entstehen Vierecke) gewährleistet.

Der Binomische Würfel

Das Material

Der «Binomische Würfel» besteht aus Würfeln und rechteckigen Quadern in Rot und Blau, z. T. mit schwarzen Seitenflächen. Die Quader und Würfel entsprechen den einzelnen Elementen der binomischen Formel.

Ab wann

Kinder ab 3 ½ Jahren nehmen das Material an.

Wie es gemacht wird

Die Erzieherin baut den Würfel schichtweise ab und ordnet dabei die Würfel und Quader nach Farben zu einem bestimmten Schema.

Für die Kinder ist das ein dreidimensionales Puzzle, mit dem zu arbeiten Freude macht. Und dabei entwickeln sie das, was man «mathematische Strukturen» nennt.

Binomischer Würfel: Der – wie Montessori ihn nennt – «mathematische Geist» zeigt sich beim Kind, sobald es zu ordnen, zu vergleichen, zu zählen oder zu messen beginnt.

Erfolgskontrolle

Der Würfel ist in einer Kiste aufbewahrt. Deren Deckel weist ein Muster auf, das mit dem Muster übereinstimmt, welches beim richtigen Zusammenlegen der Würfel und Quader entsteht, was als Erfolgskontrolle dienen kann.

Der Trinomische Würfel

Das Material

Der «Trinomische Würfel» besteht aus drei hölzernen Würfeln in den Farben Rot, Blau, Gelb und 24 Quadern.

Ab wann

Kinder ab 3 ½ Jahre nehmen das Angebot an.

Wie es gemacht wird

Die Arbeit mit den Würfeln ist prinzipiell die gleiche wie bei dem binomischen Würfel.

Erfolgskontrolle

Die Erfolgskontrolle ist im Prinzip die gleiche wie beim binomischen Würfel.

Die acht Sinne der Maria Montessori

Wenn man sich fragt, wie es kommen mag, daß Maria Montessori mehr Sinne kennt als der normale Mensch – wenn man richtig zählt, kommt man auf acht Sinne in ihrem System –, so kann man sich der Antwort annähern, wenn man dem nachgeht, was der Begriff *Muskel*sinn bedeutet, den sie auch den *stereognostischen* Sinn nennt.

Die Wissenschaft der letzten Jahrzehnte hat in diesem Zusammenhang vor allem den Zusammenhang zwischen Gehirn und Hand untersucht (s. S. 64).

Es ist einzigartig, daß Frau Montessori mit ihrer genialen Beobachtungs- und Auffassungsgabe gesehen und verstanden hat, wie die Muskeln in ihrer Tätigkeit am aktiven Lernprozeß beteiligt sind. Sie hat auch erfaßt, daß (was die Gehirnforschung und die damit zusammenhängende physiologische Forschung erst in den letzten Jahrzehnten beschrieben haben) zwischen den lernenden Muskeln und dem Gehirn eine enge Verbindung besteht. Sie spricht darum vom «Muskelgedächtnis» und von einem «Gedächtnis der vollzogenen Bewegungen».

Es ist dieselbe geniale Beobachtungs- und Auffassungsgabe, die Maria Montessori auch die anderen Sinne hat erkennen lassen, die über unser Alltagsverständnis von Sinnen hinausgehen.

Das sind die Sinne, von denen sie ausgeht:
- *Gehör*sinn,
- *Geschmacks*sinn,
- *Geruchs*sinn,
- *Gesichts*sinn,
- *Tast*sinn.

Wichtig ist auch die Fähigkeit, kalt, heiß und warm zu unterschei-

den:

– *der Wärme*sinn.

Wenn die Hand etwas wägt, können wir sagen: «Das ist leicht.» Oder: «Das ist schwer.»:

– *der Gewichts*sinn.

Am Wägen sind die Muskeln beteiligt. Ohne die Intelligenz der Muskeln gäbe es auch keinen Gewichtssinn. Wir werden somit wieder erinnert an:

– *den Muskel*sinn.

So zählen wir acht Sinne bei Maria Montessori und könnten noch einen neunten hinzufügen, wenn sie vom *Farb*sinn spricht. Das lassen wir, da wir damit den Gesichtssinn zweimal zählen würden.

Der Farbsinn

Farben erkennen und unterscheiden wir mit den Augen. Der Farbsinn ist also Bestandteil des Gesichtssinns. Darum wird er nicht extra gezählt, und wir sprechen von den «acht Sinnen der Maria Montessori».

Maria Montessori hatte erkannt, daß unsere gebaute, gemachte Umwelt anders als die Natur nicht genügend Möglichkeiten für die Entwicklung des Farbsinns bereithält. Darum hat sie Materialien für die Übung des «chromatischen Sinnes», wie sie ihn nennt, entwickelt.

Die Farbtäfelchen

Das Material

Die Täfelchen bestehen aus leichtem Holz und sind lackiert.

Kasten 1 enthält sechs Farbtäfelchen, je ein Paar der drei Grundfarben Gelb, Rot und Blau.

Kasten 2 enthält 22 Täfelchen, je ein Paar der Farben Rot, Orange, Gelb, Grün, Blau, Violett, Rosa, Grau, Braun sowie ein Paar in Schwarz und eines in Weiß.

Kasten 3 enthält 63 Täfelchen: die neun Farben Gelb, Orange,

Rot, Grün, Blau, Violett, Rosa, Grau und Braun mit je sieben Abstufungen.

Ab wann
Kinder ab 2 ½ Jahren nehmen das Angebot an.

Wie es gemacht wird
Um die Farben möglichst wenig zu beeinträchtigen, waschen sich Erzieherin und Kind vor Beginn der Arbeit die Hände.

Kasten 1

Die sechs Plättchen liegen ungeordnet auf dem Tisch. Die Erzieherin nimmt eines davon und legt es vor sich und das Kind. Mit konzentriertem Blick sucht sie nun das dazu passende gleicher Farbe und legt es neben das erste. Jetzt kommt ein weiteres Plättchen neben das Paar. Nun fordert sie das Kind auf, das dazugehörige zu finden und dazuzulegen. Das Kind verfährt nun mit dem dritten Paar genauso.

Nun können die Täfelchen wieder gemischt werden, und das Kind macht es allein, sooft und solange es mag.

Kasten 2

Es wird genauso verfahren wie bei Kasten 1. Zunächst werden drei weitere Farben benutzt, dann die restlichen, zum Schluß auch noch Schwarz und Weiß.

Kasten 3

Wenn das Kind mit der Paarbildung sicher und «fertig» ist, bietet die Erzieherin die sieben Abstufungen *einer* Farbe an.

Die Erzieherin mischt die Farbtäfelchen und legt die beiden extremen Abstufungen mit genügend Abstand nebeneinander. Dann nimmt sie die mittleren Schattierungen und legt sie in ihren Abstufungen zwischen die beiden Extreme und zeigt dabei, daß jedes Täfelchen von dem anderen nur ein wenig verschieden ist, aber keines dem anderen völlig gleich ist. Dann mischt sie die Schattierungen noch einmal und fordert das Kind auf, sie zu ordnen. Wenn das Kind dabei unsicher ist, unterbricht die Erzieherin nicht. Viele Kinder können anfangs noch nicht klar unterscheiden und machen Fehler, aber im Laufe mehrerer Übungen kommen sie im allgemeinen zu der Fähigkeit, alle Schattierungen zu unterscheiden. Die Abstufungen der anderen Farben werden nacheinander eingeführt.

Erfolgskontrolle

Es gibt hier keine «eingebaute Erfolgskontrolle». Die Erfolgskontrolle erfolgt bei der Einübung durch die Erzieherin.

Maria Montessori schlägt vor: «Man kann das *Farbengedächtnis* dadurch erproben, daß man einem Kind eine Farbe zeigt und es auffordert, auf einem weit entfernten Tisch, auf dem *alle* Farben aneinandergereiht sind, die gleiche herauszusuchen. Die Übung gelingt den Kindern, sie machen dabei nur kleine Fehler. Fünfjährigen macht diese Übung besonderen Spaß.» (Montessori, *Die Entdeckung des Kindes*, S. 145)

Der stereognostische Sinn

Mit dem Begriff «stereognostischer Sinn» hat Maria Montessori das «Sinnesorgan» benannt, das dem handelnden Lernen (s. S. 66) zuzuordnen ist. Die Alltagssprache kennt diesen Sinn, ohne daß sie einen Namen dafür hätte, wenn sie von «Begreifen» und von «Verstehen» spricht. Im «Begreifen» sind das Befühlen und Ertasten von Gegenständen und damit das *Greifen*, also die motorische Tätigkeit der Hände, als wesentliche Tätigkeiten für Erkenntnis festgehalten.

Im «Verstehen», das etymologisch von (sich) verstellen herkommt, nämlich *um einen Gegenstand herum verstellen*, d. i. um diesen herumgehen, ist ebenfalls die Weisheit von der Bedeutung des Muskelsinnes ent- und erhalten.

Maria Montessori hat nun das Organ für diese Formen von Lernen und Erkenntnis – so wie es für das Sehen das Auge und für das Hören die Ohren gibt – mit einem Wort benannt: *stereognostischer Sinn.*

Dem stereognostischen Sinn ist das – wie sie es nennt – «Muskelgedächtnis» bzw. das «Gedächtnis der vollzogenen Bewegungen» zugeordnet. Das «Muskelgedächtnis» darf man sich nicht als einen isolierten Ort im Gehirn vorstellen. Vielmehr werden beim handelnden Lernen alle Sinneswahrnehmungen – also die von Tast-, Wärme-, Gewichts-, Gesichts-, Gehörs- und Geruchssinn sowie die des stereognostischen bzw. Muskel-Sinns (die Spuren der Bewegungen von Hand, Händen, Arm, Armen, Fuß, Füßen, Bein, Beinen und gegebenenfalls auch des ganzen Körpers) – integriert gespeichert, und dies mit großer Wahrscheinlichkeit auch an verschiedenen Stellen des Gehirns bzw. Neuronensystems. Wir sprechen darum von «Erinnerungsnetzen».

Maria Montessori: «Wenn wir … beim Bewegen etwas berühren, vermischen sich zwei Wahrnehmungen: Die des Tast- und die des Muskelsinnes.» (Montessori, *Die Entdeckung des Kindes*, S. 132).

Für das spezielle Training des stereognostischen Sinns – der ja bei jedem handelnden Lernen mit *arbeitet*[*] – hat Maria Montessori u. a. folgende Materialien bereitgestellt:
- Die Geometrischen Körper
- Die Geometrische Kommode
- Der Geheimnisvolle Beutel
- Samentablett.

Die Geometrischen Körper

Das Material
Kugel, Ei, Ellipsoid, Würfel, Prisma, Quader, Kegel, dreiseitige Pyramide, vierseitige Pyramide sowie Zylinder – alles aus blau lackiertem Holz. Zu jedem geometrischen Körper eine Grundfläche (hölzerne Täfelchen). Außerdem zwei Körbchen und ein Tuch.

Ab wann
Kinder nehmen dieses Angebot ab dem Alter von 2 ½ Jahren an.

---

[*] Beispielsweise wird beim Umfassen etwa der Blöcke des *Rosa Turms* oder beim Entlangstreichen an den *Roten Stangen* der stereognostische Sinn von Maria Montessori auch ganz bewußt angesprochen. Ebenso bei den Einsatzzylindern.

Was dem Kind geschieht, wenn es seinen stereognostischen Sinn benutzt, um die verschiedenen Formen zu identifizieren, nennen wir «Begreifen» und verstehen nun, daß es sich um einen wichtigen Schritt des Kindes zur Entwicklung seines Geistes handelt. Es macht offensichtlich Spaß, die geometrischen Körper zu ertasten: Die Autorin bei der Arbeit mit einem Kind.

Wie es gemacht wird

Die Erzieherin beginnt z. B. mit Quader, Kugel und Zylinder. Sie nimmt jeden einzelnen Körper in beide Hände und umfaßt ihn, um dem Kind deutlich zu machen, wie sie ihren stereognostischen Sinn einsetzt. Sie rollt die runden Körper und kippt die standfesten Körper und benennt sie. Später kommen die bekannten Körper in ein Körbchen und werden mit einem Tuch bedeckt. Das Kind benutzt seinen stereognostischen Sinn, um sie zu identifizieren, benennt sie und legt sie auf den Tisch. Die anderen Körper werden nach und nach auf die gleiche Weise eingeführt.

Erfolgskontrolle

Wenn das Kind auf Aufforderung nur mit den Händen bestimmte Körper in dem verdeckten Körbchen sucht und herausholt, erfolgt die Erfolgskontrolle durch die Erzieherin.

Das Material

Eine hölzerne Kommode mit sechs Schubfächern. In den Schubfächern finden sich gelb lackierte Quadrate aus Holz. In jedes dieser Quadrate ist eine geometrische blaue Figur mit einem Knopf zum Herausnehmen eingepaßt, u. a. verschiedene Rechtecke, Kreise, Dreiecke und unregelmäßige Vielecke.

Dazu gibt es drei Kartensätze für alle Figuren. Auf den Karten sind die Figuren entweder als Farbfläche oder mit dickem oder feinem Rand dargestellt.

Außerdem gibt es einen Vorführrahmen. In diesen passen sechs Quadrate – jeweils drei nebeneinander.

Darüber hinaus gibt es gelbe Quadrate ohne Figuren. Diese werden bei der Demonstration zwischen verschiedene geometrische Figuren gelegt, damit sie optisch getrennt sind.

Ab wann

Die Kinder nehmen dieses Angebot ab dem Alter von drei Jahren an.

Wie es gemacht wird

Die Erzieherin legt den Vorführrahmen auf den Tisch. Sie beginnt mit Kreis, Quadrat und Dreieck. Denn diese sind in der Geometrie besonders wichtig.

Sie nimmt das gelbe quadratische Brett mit dem Dreieck, faßt das Dreieck an dem dafür vorgesehenen Knopf und hebt es heraus. Nun legt sie das Brett in den Vorführrahmen, nimmt das Dreieck am Knopf wieder hoch, umfährt es mit Zeige- und Mittelfinger der anderen Hand, sagt «Das ist ein Dreieck» und setzt es in den Rahmen. Nun legt sie ein neutrales gelbes Quadrat ohne Einsatz daneben. Und wiederholt den Vorgang mit Kreis und Quadrat.

Dann nimmt sie die Figuren wieder aus dem Rahmen, mischt sie und fordert das Kind auf, es selbst zu tun.

In gleicher Weise geht es mit den geometrischen Figuren aus den anderen Schubladen.

Maria Montessori hat gesehen, wie die Sinne mit dem Geist zusammenhängen, die Hand mit dem Hirn. Oft genug hat sie beschrieben, wie das konzentrierte, in sich versunkene Tun mit den Händen ein Strahlen der Erleuchtung auf das Gesicht des Kindes zaubert. Der «Geheimnisvolle Beutel» ist Gelegenheit zur Anregung dieses Wachstums.

Erfolgskontrolle

Die Erfolgskontrolle ist – da die Figuren immer in ihren Einsatz passen – «eingebaut». Was die Benennung der Figuren angeht, so gibt es eine Erfolgskontrolle nur durch die Erzieherin.

Der Geheimnisvolle Beutel

Das Material

Der «Geheimnisvolle Beutel» enthält kleine Gegenstände mit verschiedenen Eigenschaften: eckige, glatte, schmirgelige, harte, rauhe, kühle, runde, weiche und so weiter. Diese sind von der Lehrerin oder auch von den Kindern mitgebracht worden.

Ab wann

Kinder nehmen das Material ab 2 ½ Jahren an.

Wie es gemacht wird

Die Erzieherin läßt sich vom Kind die Augen verbinden. Sie holt einen Gegenstand aus dem Beutel heraus. Sie betastet ihn mit beiden Händen und rät laut, was es sein könnte: «Hm, das ist so glatt, so kühl, so, als ob es aus Glas wäre. Das ist – eine Murmel ...»

Die Erzieherin macht weiter, bis das Kind sagt: «Ich auch ...»

Erfolgskontrolle

Das Kind sieht, was es ertastet hat.

Samentablett

Das Material

Von drei oder vier Körnersorten (z. B. Weizen, Bohnen, Linsen, Erbsen, Kürbiskerne, Sonnenblumenkerne usw.) kommen – jede Sorte für sich – einige in ein Schälchen. Alle Schälchen stehen auf einem Tablett.

Ab wann

Kinder nehmen das Material ab 3 ½ Jahren an.

Wie es gemacht wird

Die Erzieherin stellt die Schälchen mit den Körnern auf den Tisch. Dann nimmt sie aus jedem Schälchen ein paar Körner, legt sie in eine größere, leere Schale und mischt sie.

Sie verbindet sich die Augen und nimmt ein Körnchen aus der großen Schale und befühlt es, so daß sie es nur mit den Fingern «sieht». Anschließend vergleicht sie dieses Korn durch Befühlen mit den Körnern in den kleinen Schälchen und legt es schließlich in das Schälchen, das die gleichen Körner enthält. Und so macht sie weiter, bis alle Körner aus der größeren Schale in die richtigen kleineren Schalen gekommen sind.

Wenn das Kind bereit ist, die Übung selbst zu versuchen, bekommt es die Augenbinde.

*Samentablett: Mit den Fingern sehen
und die gleichen Körner im selben
Schälchen sammeln.*

Erfolgskontrolle

Wenn das Kind fertig ist, nimmt die Erzieherin ihm die Augenbinde wieder ab, damit es selbst überprüfen kann, ob es die Körner in die richtigen Schälchen gegeben hat.

Auch Knöpfe, Münzen und andere kleine Gegenstände kommen für diese stereognostischen Übungen in Frage.

Der Tastsinn

Es geht speziell um den Tastsinn der Fingerspitzen, nicht um den *Fühl*sinn, wie er auf der ganzen Haut zur Verfügung steht.

Dafür gibt es Brettchen mit glatten und rauhen Flächen (Tastbretter), rauhe und glatte Tasttäfelchen sowie einen Kasten mit Stoffen.

Das Material

Der Tastbretter gibt es drei:

Das erste ist in zwei gleich große Quadrate aufgeteilt: ein glattes und ein rauhes (Sandpapier).

Das zweite ist abwechselnd in glatte und rauhe schmale Flächen aufgeteilt, das dritte weist abgestuft rauhe Flächen auf.

Ab wann

Kinder nehmen das Material ab 3 Jahren an.

Wie es gemacht wird

Die Erzieherin und das Kind waschen sich die Hände, um die Sensibilität der Fingerspitzen zu erhöhen.

Die Erzieherin streicht mehrere Male mit den Fingerspitzen über das erste Brettchen – zunächst über die glatte Fläche, dann über die rauhe Fläche. Das geschieht ganz leicht.

Dann kommt das nächste Brettchen dran, und schließlich das Brettchen mit den Abstufungen der rauhen Oberfläche.

Dann macht die Erzieherin die Augen zu und ertastet wiederum mit ihren Fingerspitzen ganz sanft die verschiedenen glatten und rauhen Flächen. Nach jedem Brettchen öffnet sie die Augen und prüft, was sie erfühlt hat. Wenn das Kind es möchte, darf es es der Erzieherin nachtun.

Erfolgskontrolle

Das Kind sieht, was es mit den Fingerspitzen ertastet hat.

Die rauhen und glatten Karten (Tasttäfelchen)

Das Material

Zwei Kästchen, von denen jedes fünf Täfelchen-Paare enthält, die mit verschiedenen Sandpapierarten überzogen sind. Auf der Rückseite sind die jeweiligen Paare mit gleichfarbigen Punkten gekennzeichnet.

Ab wann

Kinder nehmen das Material ab 3 Jahren an.

Wie es gemacht wird

Erzieherin und Kind waschen sich die Hände.

Die Erzieherin läßt sich vom Kind die Augen verbinden, nimmt eines der Täfelchen und reibt mit Daumen, Zeige- und Mittelfinger leicht über die Oberfläche. Dann sucht sie mit der gleichen Methode unter den anderen Täfelchen das passende und legt das gefundene Paar zur Seite. So fährt sie fort, bis alle Täfelchen paarweise geordnet sind.

Dann öffnet sie die Augen und dreht die nebeneinander liegenden Paare um. An den Rückenmarkierungen erkennt sie, daß sie alles richtig gemacht hat.

Anschließend mischt sie die Täfelchen wieder und bittet das Kind, die Übung zu wiederholen.

Erfolgskontrolle

«Dann öffnet sie die Augen und dreht die nebeneinander liegenden Paare um. An den Rückenmarkierungen erkennt sie, daß sie alles richtig gemacht hat.»

Der Kasten mit Stoffen

Das Material

Der Kasten enthält eine Anzahl von rechteckigen Stoffläppchen verschiedener Muster und Gewebestrukturen – immer zwei von jeder Art. Z. B. Baumwolle, feine Wolle, Leinen, Hanf, Seide, Samt, Rupfen, Kord, Wollstoff, Filz etc. Außerdem eine Augenbinde.

Ab wann

Kinder nehmen das Material ab 3 Jahren an.

Wie es gemacht wird

Es geht darum, durch Befühlen aus den vielen Stoffläppchen die gleichen herauszufinden. Dazu gibt es eine Reihe von verschiedenen Vorschlägen, die damit anfangen, daß die Erzieherin einem Kind

Baumwolle, Seide, Leinen, Kord: Durch Befühlen mit den Fingern unter den vielen Stoffläppchen die gleichen herauszufinden, ist gar nicht einfach und eine ganz schöne Herausforderung.

zunächst zwei Stoffstücke mit kontrastierenden Strukturen (z. B. Baumwolle und Kord) in die Hand gibt und es fragt, ob die Strukturen gleich sind. Später suchen die Kinder aus der Menge der Stoffläppchen die gleichen mit verbundenen Augen allein oder in Partnerarbeit heraus.

Erfolgskontrolle
Das Kind sieht, was es erfühlt hat.

Der Wärmesinn (Temperaturempfindungen)

Die Wärmefläschchen

Die sehr teuren und, weil schwierig zu handhaben, selten benutzten Wärmefläschchen ermöglichen den Vergleich von Temperaturen zwischen fünfzehn und 45 Grad Celsius durch Betasten.

Die Wärmeplättchen

Das Material

Ein Holzkästchen mit vier Fächern enthält je zwei rechteckige Täfelchen aus Holz, Metall, Stein und Filz.

Ab wann

Kinder nehmen das Material ab dem Alter von drei Jahren an.

Wie es gemacht wird

Die Erzieherin macht das Kind zunächst mit dem Material vertraut.

Dann mischt sie die Plättchen, läßt sich vom Kind die Augen verbinden, greift eines der Plättchen, legt die Hand darauf und sagt: «Ich suche jetzt das Plättchen, das sich genauso warm anfühlt wie dieses.» Wenn sie alle Pärchen zusammengebracht hat, mischt sie die Plättchen erneut und ermuntert das Kind, es ebenfalls zu versuchen.

Erfolgskontrolle

Das Kind sieht, was es erfühlt hat.

Der Gewichtssinn (Gewichtsempfindungen)

Die Barischen Brettchen

Das Material

Drei Kästchen mit je sieben hölzernen Brettchen. Einer der drei Sätze besteht aus leichtem, einer aus mittelschwerem und einer aus schwerem Holz. Die leichten Brettchen sind hell, die schweren dunkel, die mittelschweren «mittel».

Ab wann

Kinder nehmen das Material ab 2 ½ Jahren an.

Wie es gemacht wird

Die Erzieherin nimmt von dem Satz der leichten, hellen und von dem Satz der schweren, dunklen Brettchen je drei und legt sie in zwei Reihen vor sich hin.

Die Erzieherin sitzt betont aufrecht. Sie nimmt ein leichtes Brettchen in die eine Hand und ein schweres in die andere und legt sie sich auf die Fingerspitzen. Sie wiegt die Hände mit den Brettchen auf und ab, um zu zeigen, daß sie dem Gewicht nachspürt.

Dann legt sie das Brettchen der linken Hand auf die linke Seite und das der rechten Hand auf die rechte Seite.

Diese Demonstration wiederholt sie so lange, bis das Kind bereit ist, es selbst zu tun.

Wenn das Kind selbst fühlen möchte, legt die Erzieherin ihm ein leichtes Brettchen auf die Fingerspitzen der einen Hand und ein schweres auf die Fingerspitzen der anderen Hand.

Wenn das Kind feststellt, daß es den Unterschied spürt, legt es die Brettchen beiseite. Und so geht es dann weiter.

Dann fragt die Erzieherin das Kind, ob es die Unterscheidung auch mit verbundenen Augen machen möchte.

Sie macht es vor.

Für eine weitere Beschäftigung mit diesem Material sind Balkenwaage und Briefwaage sehr hilfreich.

Erfolgskontrolle
Zunächst sind die Farben eine Hilfe für die «Erfolgskontrolle» – leicht oder schwer. Bei Verwendung von Waagen läßt sich die Erfolgskontrolle «objektivieren».

Der Gehörsinn

Um die Unterscheidung von Geräuschen zu üben, gibt es in den Montessori-Materialien die *Geräuschdosen* und die *Glocken*.

Die Geräuschdosen

Das Material
Ein Holzkasten mit zwölf Dosen. Sechs Dosen haben rote, sechs Dosen blaue Deckel – ansonsten handelt es sich um zwei gleichartige Serien. Es gibt jeweils ein Paar einer «roten» und einer «blauen» Dose, die eine gleiche Anzahl gleicher und damit auch gleichklin-

*Geräuschdosen: Die sechs Paare ent-
halten Unterschiedliches, so daß
beim Schütteln unterschiedliche Geräusche entstehen. Es gilt also, die
gleichklingenden Paare zusammenzubringen.
Die Paare sind auf der Unterseite
markiert, was eine optische Erfolgskontrolle ermöglicht*

gender kleiner Körner, Steinchen etc. enthalten. Die sechs Paare
enthalten Unterschiedliches, so daß beim Schütteln unterschiedlicher Paare unterschiedliche Geräusche entstehen.

Die Paare sind auf der Unterseite markiert, was eine optische Erfolgskontrolle ermöglicht.

Ab wann

Kinder nehmen das Material ab 3 Jahren an.

Wie es gemacht wird

1. Die Erzieherin wählt aus den beiden Serien drei Geräuschdosen-
Paare, die beim Schütteln besonders unterschiedlich klingen. Sie
beginnt mit der lautesten Dose und schüttelt sie langsam und be-
dächtig. Nach einer Weile greift sie zu einer der ausgewählten Dosen
der anderen Serie und schüttelt sie auf die gleiche Weise. Hat sie den
gleichen Klang erwischt, kommen die beiden zusammen an die
Seite. Falls nicht, kommt der «Fehlgriff» zurück auf seinen Platz,
und es wird eine andere probiert. Wenn sie alle drei Paare einander
zugeordnet hat, guckt sie unten nach, ob die Paare auch wirklich zusammengehören.

Kapitel 6   Der Gehörsinn

Nun mischt sie die Dosen erneut, und das Kind kann es probieren.

Erfolgskontrolle

Zur Erfolgskontrolle werden zunächst alle Paare noch einmal auf gleichen Klang akustisch überprüft. Dann wird unten nachgeschaut, ob die Paare auch optisch durch gleiche Markierungen «zusammengehören».

2. Die Erzieherin benutzt nur einen Dosensatz. Sie schüttelt die Dosen durch und stellt die lauteste vor sich hin. Dann schüttelt sie die Dosen erneut durch und stellt die leiseste mit etwas Abstand rechts daneben. Nun schüttelt sie eine weitere Dose und stellt sie zwischen die beiden ersten. Sie schüttelt die nächste und vergleichend mit den schon stehenden Dosen bringt sie diese und die weiteren in eine Rangreihe von laut nach leise. Mit dem zweiten Satz verfährt sie genauso.

Dann darf das Kind, wenn es mag.

Erfolgskontrolle

Durch die optische Kontrolle kann festgestellt werden, ob beide nebeneinander stehende Reihen gleich sind.

Wenn die roten und blauen Dosen in zwei verschiedenen Räumen sind, kann ein Auftrag der Erzieherin z. B. lauten: Bringe, bitte, die Dose, die genauso klingt wie diese.

Die Glocken

Das Material

Zwei Serien Glocken, deren Tonumfang eine Oktave umfaßt.

Die *erste* Serie ähnelt mit ihren schwarzweißen Ständern ein bißchen einer Klaviertastatur.

Die *zweite* Serie hat Ständer aus lackiertem braunem Holz.

Außerdem: ein Brett, ein kleiner Hammer aus Holz und ein Filzklöppel zum Dämpfen des Tones.

Ab wann

Kinder nehmen das Material ab 3 Jahren an.

Wie es gemacht wird

1. Die Erzieherin beginnt mit drei Glocken aus der schwarzweißen Serie, die sich im Ton stark unterscheiden. Diese werden in aufsteigender Reihe aufgestellt. Die drei Glocken mit den gleichen Tönen aus der braunen Serie kommen ungeordnet vor das Kind. Die Erzieherin schlägt eine der geordnet stehenden Glocken an und dämpft den Klang mit dem Filzklöppel. Dann schlägt sie die braunen Glocken an, um die passende zu finden. Wenn sie sie gefunden hat, stellt sie das Paar beiseite. Wenn sie so alle Glockenpaare gefunden hat, bringt sie die braunen wieder durcheinander. Jetzt ist das Kind aufgefordert, es selbst zu tun.

2. Die Erzieherin ordnet die schwarzweißen Glocken entsprechend der Tonleiter, indem sie zunächst mit der ganz hohen und der ganz niedrigen anfängt und dann durch ständiges Vergleichen die anderen Glocken richtig dazwischen stellt.

Wenn die Tonleiter richtig klingt, ist das Kind aufgefordert, die braunen Glocken ebenfalls so zu ordnen.

Erfolgskontrolle

Der «richtige» Klang der Tonleiter

Der Geschmackssinn

Geschmacksfläschchen

Das Material

Zwei farblich gekennzeichnete Serien von je vier Fläschchen mit Pipetten:

– Salzlösung
– Zuckerlösung
– bitterer Lösung (z. B. Bittersalz)
– saurer Lösung (z. B. Ascorbin- oder Zitronensäure)

Die Fläschchenpaare sind unten durch gleichfarbige Punkte gekennzeichnet.

Geschmacksfläschchen: Probie-
ren, verkosten, die Zwillings-
pärchen mit gleichem Ge-
schmack herausfinden. Sinnes-
schulung vom Feinsten ...

Ab wann
Kinder nehmen das Material ab 3½ Jahren an.

Wie es gemacht wird
Die Erzieherin stellt die beiden Serien etwas entfernt voneinander
auf den Tisch. Außerdem stellt sie eine kleine Schüssel mit Wasser
sowie ein Glas mit Wasser auf und legt ein Trockentuch bereit.

Sie entnimmt einem Fläschchen mit der Pipette einen Tropfen,
läßt ihn auf den Handrücken tropfen und probiert, wie es schmeckt.

Sie nimmt einen Schluck Wasser, um die Geschmacksnerven
wieder «klar» zu bekommen. Dann probiert sie von den anderen
Fläschchen, bis sie den «Zwilling» hat. Wenn sich alle Paare zusammengefunden haben, dreht die Erzieherin die Fläschchen um, und
alle erkennen an den gleichen Punkten, daß sie es richtig gemacht
hat.

Dann werden die Fläschchen wieder gemischt.

Das Kind kann nun, wenn es mag, weitermachen.

Jeweils ein Paar Riechgläs-
chen enthält z. B. Pfeffer-
minz-, Rosen- oder Zitro-
nenöl. Es gilt, die Paare zu-
sammenzubringen. Gläschen,
die zusammengehören, haben
unten gleiche Farben. So ist es
nicht schwer, herauszufinden,
ob man es richtig gemacht
hat.

Erfolgskontrolle

«Wenn sich alle Paare zusammengefunden haben, dreht die Erzieherin die Fläschchen um, und alle erkennen an den gleichen Punkten, daß sie es richtig gemacht hat.»

Der Geruchssinn

Geruchsdosen und Geruchsgläser

Das Material

Paare von Riechdosen und Riechgläschen.

Die Riech*dosen* enthalten typisch riechende Substanzen wie z. B. Anis, Kaffee, Kümmel, Lavendel, Nelken, Rosmarin, Zimt etc.

Die Riech*gläschen* enthalten typisch riechende Flüssigkeiten, wie z. B. Pfefferminzöl, Zitronenöl, Rosenöl, Kölnisch Wasser, etc. Es soll immer eine unangenehm riechende Flüssigkeit – wie z. B. Essig oder Salmiakgeist – in nicht allzu starker Dosierung darunter sein.

Die Paare sind unten mit gleichen Farben kenntlich gemacht.

Ab wann

Kinder nehmen das Material ab 3 Jahren an.

Wie es gemacht wird

Erzieherin und Kind putzen sich die Nase, um das Riechorgan möglichst von störenden Einflüssen zu befreien.

Die Erzieherin beginnt mit drei besonders gut unterscheidbaren Gerüchen. Sie stellt die drei Paare ungeordnet vor das Kind, schraubt den Deckel vom ersten Behälter ab und riecht daran, sie bewegt die Luft über dem Riechfläschchen mit der Hand auf ihre Nase zu, durch die sie den Duft in sich hineinzieht.

Nachdem sie den Duft identifiziert hat, schnüffelt die Erzieherin so lange an den drei Dosen der anderen Serie, bis sie den gleichen Geruch gefunden hat.

Das Paar kommt auf die Seite.

Wenn sie alle Paare gefunden hat, mischt sie die Dosen wieder und ermutigt das Kind, es selbst zu versuchen.

Erfolgskontrolle

Die Richtigkeit der Zuordnung erkennen Kind und Erzieherin an den Markierungen unter den Fläschchen.

Kapitel 7
Die Übungen des praktischen Lebens

In *Kinder sind anders* beschreibt Maria Montessori, wie der «Erwachsene, der noch nicht begriffen hat, daß für das Kind die Tätigkeit der Hand ein Lebensbedürfnis ... darstellt», es am Arbeiten und damit an seiner geistigen Entwicklung hindert, weil er so ungeduldig ist und nicht sehen mag, wie das Kind sich mit etwas abmüht, was er «viel schneller und besser» kann.

«Versucht das Kind, sich zu kämmen, so sieht der Erwachsene diesem bewundernswerten Bemühen nicht etwa beglückt zu, sondern er empfindet es als einen Angriff auf seine eigenen Wesensgesetze. Er sieht, daß das Kind sich weder gut noch schnell kämmt und nie eine ordentliche Frisur zuwege bringen wird, während er, der Erwachsene, das alles viel rascher und besser besorgen kann. Das Kind, das freudig eine für den Aufbau seiner Persönlichkeit wichtige Handlung vollführt, muß also erleben, wie der Erwachsene, dieser fast bis an die Decke reichende, über jeden Begriff mächtige Riese, gegen den jeder Widerstand vergebens ist, herankommt, ihm den Kamm aus den Händen windet und erklärt, er werde das Kind kämmen. Ähnliches spielt sich ab, sobald das Kind sich bemüht, sich anzukleiden oder seine Schuhe zuzuschnüren ....

Statt dem Kinde also bei seinen wichtigsten seelischen Bedürfnissen zu Hilfe zu kommen, ersetzt der Erwachsene die kindlichen Übungen durch seine eigene Fertigkeit, wann immer das Kind versucht, Handlungen zu erlernen. Er versperrt damit dem Kind jeden Weg zur Betätigung und wird selbst zum gewichtigsten Hindernis für dessen innere Entwicklung. Das verzweifelte Weinen des ‹launenhaften› Kindes, das sich nicht waschen, kämmen, ankleiden lassen will, legt Zeugnis ab von einem der ersten dramatischen Kämpfe des werdenden Menschen.» (Montessori, *Kinder sind anders*, S. 126–128)

Die Übungen des praktischen Lebens, auch Übungen des täglichen Lebens genannt, gehen von dieser Realität aus: Das Kind kann häufig genug in seiner häuslichen Umgebung sein Bedürfnis nicht ausleben, das selber zu tun, was die Erwachsenen ihm vormachen. Was nicht nur die Entwicklung seiner praktischen Intelligenz behindert, sondern damit auch die Entwicklung von Selbständigkeit und Selbstbewußtsein.

Maria Montessori: «Wir müssen also dem Kind in seiner Umgebung ‹Mittel› zur Ausübung seiner Tätigkeit geben und uns dabei vor Augen halten, daß das Kinderhaus Kinder verschiedenen Alters, und zwar von 3 bis 6 Jahren, beherbergt, die alle zusammenleben wie Geschwister in einer Familie und folglich unterschiedliche Beschäftigungen brauchen.

Die dem praktischen Leben dienenden Gegenstände haben keine wissenschaftliche Aufgabe; es sind dieselben, wie sie überall benutzt werden, wo es Kinder gibt; die das Kind auch im Elternhaus in Gebrauch sieht, und zwar in den auf den kleinen Menschen zugeschnittenen Proportionen.» (Montessori, *Die Entdeckung des Kindes*, S. 93)

Und weiter: «Wenn der Schule[*] ein Garten angeschlossen ist, gehören zu den praktischen Arbeiten die Pflege der Beete, das Säubern der Pflanzen oder die Ernte der dort reifenden Früchte usw. Halten sich die Kinder sehr lange dort auf, dann gehört zu den Beschäftigungen das Mittagessen, das zu größeren Mühen und zu den schwierigsten und interessantesten Übungen des Lebens Veranlassung gibt, wie zum Beispiel den Tisch mit großer Sorgfalt decken, die Speisen auftragen, anständig essen, Teller und Gläser spülen, Tischtücher auflegen und wieder an ihren Platz bringen, und noch vieles mehr.» (A. a. O., S. 94)

Zu den Übungen des täglichen Lebens gehören somit u. a.:
– Abstauben,
– Bänder auf- und zubinden,
– Blumen gießen,
– Blumen schneiden und pflegen,
– Boden putzen,

---

[*] Anmerkung zur Übersetzung: Maria Montessori hat immer von «Scuola» (Schule) gesprochen, auch wenn sie Einrichtungen meinte, die bei uns z. B. Kindergarten heißen.

- Bügeln,
- Druckknöpfe öffnen und schließen,
- Gehen auf einer Linie,
- Haken und Ösen öffnen und schließen,
- Hände waschen,
- Knöpfe öffnen und schließen,
- Metall putzen,
- Reis schütten,
- Schnallen öffnen und schließen,
- Schuhe auf- und zubinden,
- Schuhe putzen,
- Servietten falten,
- Staub wischen,
- Teppich kehren bzw. saugen,
- Tisch abwaschen,
- Tisch decken,
- Verschlüsse öffnen und schließen,
- Wäsche waschen,
- Wasser gießen.

Die Rahmen mit Verschlüssen

Die Rahmen mit Verschlüssen hat Maria Montessori erfunden, damit die Kinder ohne den Druck von eiligen Erwachsenen ihr Bedürfnis, zu knöpfen, zu binden etc., ausleben und vollenden können.

Das Material
In Holzrahmen sind rechts und links zwei Rechtecke aus Stoff befestigt, die in der Mitte aneinanderstoßen.

Wo sie aneinanderstoßen, ist eines von folgenden Hilfsmitteln angebracht, mit deren Hilfe die beiden Stoffteile miteinander verbunden werden können:
- Bänder
- Druckknöpfe
- Haken und Ösen
- Knöpfe (groß oder klein)

Knopfrahmen:
Der Rahmen ist – anders als
so manche Mutter, wenn es
morgens ums Anziehen geht –
geduldig und läßt zu, daß das
Kind es wieder und wieder
probiert, so lange es will, bis es
zufrieden ist.

– Schnallen
– Schnürsenkel usw.

Wie es gemacht wird

Die Erzieherin nimmt einen der Rahmen und zeigt dem Kind ruhig und genau, wie z. B. die Druckknöpfe geöffnet werden. Dann zeigt sie, daß die beiden Reihen zueinander passen, bevor sie wiederum sehr ruhig und langsam dem Kind zeigt, wie die Druckknöpfe geschlossen werden – mit dem charakteristischen «Klick». Sie wiederholt diese Übung, falls notwendig, bevor sie dem Kind den Rahmen übergibt.

Wenn das Kind die Druckknöpfe «durch» hat, führt die Erzieherin ihm den nächsten Rahmen vor und so fort. Das Kind öffnet und schließt die Verschlüsse in den Rahmen mit «großem Interesse» (Maria Montessori) viele Male.

Maria Montessori hat beobachtet, daß das Kind dabei «eine ungewöhnliche Handfertigkeit» erwirbt. Es möchte dann «gern wirkliche Kleider zuknöpfen, so oft sich die Gelegenheit bietet. So sehen wir, daß die kleinsten Kinder verlangen, sich und ihre Kameraden

anzuziehen. Es ist für sie ein gesuchtes Vergnügen, und sie wehren

sich mit aller Kraft gegen den Erwachsenen, der ihnen helfen will»
(zit. n. Geßlein, *Das Tägliche Leben*, S. 18).

Erfolgskontrolle
Ergibt sich von selbst.

Hände waschen

Das Material
«Kleine Wasserhähne, so niedrig, daß sie noch nicht einmal in
Kniehöhe eines Erwachsenen reichen, mit ganz kleinem Zubehör,
wie winzigen Seifestücken, Nagelbürstchen, kleinen Handtüchern,
befinden sich in Reichweite des Kindes, oder, falls kein fließendes
Wasser vorhanden ist, gibt es ein Waschbecken, vielleicht auch eine
auf ein Tischchen gestellte kleine Waschschüssel mit einem kleinen
Krug und einem Behälter für das schmutzige Wasser.» (Montessori,
Die Entdeckung des Kindes, S. 94)

Ab wann
Kinder interessieren sich für diese Tätigkeit ab dem Alter von 2½
Jahren.

Wie es gemacht wird
Für die Erzieherin gibt es sehr präzise Anweisungen, wie das Händewaschen auszuführen ist. Das beginnt damit, daß Armbanduhr,
Armreife und Ringe etc. abzulegen sowie die Unterarme freizuma-
chen sind.

Auch wie das Wasser in die Waschschüssel zu schütten ist, ist genau
festgelegt. Auch und besonders auf Kleinigkeiten wird geachtet: «Bevor sie den Krug abstellt, wischt sie die Tropfen, die am Krug herun-
terlaufen, mit einem Tuch ab.» (Geßlein, *Das Tägliche Leben*, S. 20)

Zunächst wird das Händewaschen mit allen Einzelheiten demon-
striert. Anschließend das Nägelbürsten und das Trocknen der
Hände sowie das Aufräumen, dem die Demonstration des Hände-
Eincremens folgt.

Das Ganze hat, wenn es richtig gemacht wird, nicht nur einen meditativen Charakter, es *ist* Alltagsmeditation, bei der der Mensch in Kontakt zu sich selbst gerät – in Hektik und Alltagsstreß oft eine Chance, wenn auch leider öfter eine verpaßte.

Es muß festgehalten werden, daß nicht wenige Erzieherinnen gerade mit dieser Demonstration ihre Schwierigkeiten innerer Art haben, weil sie ihnen zu selbstverständlich erscheint. Was sie aber – gerade angesichts der nur an Hygiene und Effektivität orientierten täglichen Reinigungsrituale – überhaupt nicht ist.

Erfolgskontrolle
Ergibt sich von selbst.

Schuhe putzen

Das Material
Ein oder mehrere Schuhe, eine Schmutzbürste, eine Polierbürste, eine Bürste oder ein Tuch zum Cremeauftragen, ein Tuch, Schuhcreme, ein Poliertuch, eine Schürze sowie Zeitungspapier zum Unterlegen

Ab wann
Kinder interessieren sich für diese Tätigkeit ab dem Alter von 3 Jahren.

Wie es gemacht wird
Auch hier gibt es wieder sehr präzise Anweisungen für die Erzieherin für das Vorgehen. Selbstverständlich sind auch das Aufräumen am Schluß und das abschließende Händewaschen von Erzieherin und Kind.

Erfolgskontrolle
Die Schuhe glänzen wunderbar.

Abstauben

Das Material
Staubtuch, Bürsten, Möbelpolitur

Ab wann
Kinder interessieren sich für diese Tätigkeit ab dem Alter von 2 ½ Jahren.

Wie es gemacht wird
Die Erzieherin sucht ein Möbelstück, auf dem es Staub gibt und das niedrig genug ist, damit das Kind es übersehen kann,

Sie nimmt einen Standpunkt ein, bei dem das Möbelstück im Gegenlicht ist. Sie beginnt an dem Ende, an dem sie steht, und arbeitet von sich weg. Dann folgen die Seiten, Innenflächen etc.

Die Kinder interessieren sich dabei besonders für:
- das Verschwinden des Staubs so, wie es gemacht wird
- den Staub am Tuch.

Erfolgskontrolle
Der Staub ist weg.

Metall putzen

Das Material
Ein Wachstuch, ein Metallputzmittel, Wattebällchen, ein Holzstäbchen, ein Poliertuch und eine kleine Bürste

Ab wann
Kinder interessieren sich für diese Tätigkeit ab dem Alter von vier Jahren.

Wie es gemacht wird
Die Erzieherin besorgt einen Metallgegenstand (Kupfer, Messing, Silber oder Gold), der gereinigt werden soll. Sie legt diesen sowie Putzmittel und -hilfsmittel auf das Wachstuch. Sie nimmt das Holzstäbchen und wickelt etwas Watte um eines der Enden ... usw.

Über das Schütteln der Putzmittelflasche, das Öffnen und Ablegen des Verschlusses (Oberseite nach unten!) auf dem Wachstuch bis zum Abwischen des Reinigungsmittels von dem Metallgegenstand mit einem größeren Wattebausch, wobei gezeigt wird, wie die Watte den Schmutz aufnimmt, sind auch hier wieder alle Schritte genau beschrieben, die die Erzieherin machen muß, damit die Demonstration gelingt. «Das intensive Polieren vollendet die Arbeit.» (Geßlein, *Das Tägliche Leben*, S. 27)

Erfolgskontrolle
Der Glanz des gereinigten Gegenstandes.

Diese Übung erinnert sehr an das Fliesenputzen, das Maria Montessori als Kind so gern gemacht hat, wenn es galt, ihrer Mutter zu helfen.

Die Kinder interessieren sich dabei erfahrungsgemäß besonders für den Schmutz auf dem Wattebausch und daß das stumpfe Metall blank wird.

Blumen schneiden und pflegen

Das Material
Ein großes Wachstuch, Blumenvasen, ein Krug mit frischem Wasser, eine Schere, ein Trockentuch, Blumen, ein Kompostbehälter für die Blätter und Stiele

Ab wann
Kinder interessieren sich für diese Tätigkeit ab dem Alter von drei Jahren.

Wie es gemacht wird
Zunächst breitet die Erzieherin das Wachstuch auf einem Tisch aus. Sie wählt für den Blumenstrauß eine Vase und füllt sie mit Wasser.

Falls dabei Wassertropfen an die Vase oder auf das Wachstuch geraten sind, werden diese abgewischt.

Die Erzieherin entfernt nun jene Blätter von den Blumen, die ansonsten in die Vase geraten würden, etc. ...

Die Erzieherin ist geschult, das sozusagen professionell wie eine Gärtnerin zu machen. Wichtig sind auch hier die Entfernung der Überbleibsel und das Aufräumen.

Erfolgskontrolle
Der Strauß gefällt. (Kein objektivierbares Kriterium)

Tisch decken

Im Kindergarten bieten sich verschiedene Gelegenheiten zum Tischdecken und für das Auftragen der Speisen: Frühstücken, Mittagessen, Teetrinken, Geburtagsfeiern etc.

Das Material
Die üblichen Utensilien von Besteck bis Suppenterrine

Ab wann
Kinder sind ab dem Alter von 3 ½ Jahren dafür ansprechbar.

Wie es gemacht wird
Wer den Tischdienst machen möchte, meldet sich freiwillig. Die anderen sind die «Gäste».

Der Tischdienst muß Tischtuch, Servietten, die notwendigen Teller und Schüsseln, Gläser und Besteck sowie Salz etc. bereitstellen und eindecken; Blumenschmuck nicht vergessen. Dann die Speisen und Getränke aus der Küche holen, auftragen und bedienen.

Die Gäste orientieren sich am Vorbild der Erzieherinnen.

Erfolgskontrolle
Reaktionen der Gäste

Empfinden von Stille

Das Material
Nichts

Ab wann

Für das Erfahren von Stille sind Kinder ab etwa 3 Jahre aufgeschlossen.

Diese meditative Übung sollte in einer Gruppe erst dann angeboten werden, wenn die Kindergruppe in ihrem Alltag schon ruhig und entspannt ist.

Wie es gemacht wird

Die Erzieherin bittet die Kinder, sich bequem und entspannt hinzusetzen, und fordert sie auf: «Wir versuchen, einmal ganz still zu sein und uns überhaupt nicht zu bewegen.»

Wenn Kinder an dieser Stilleübung nicht teilnehmen mögen oder können (z. B. weil sie an diesem Morgen besonders hippelig und nervös sind), dürfen sie sich im Nebenraum eine andere Beschäftigung suchen.

Wenn die Kinder es geschafft haben, einige Minuten still und entspannt zu sein, ruft die Erzieherin ein Kind nach dem anderen mit seinem Namen leise zu sich. Die Kinder folgen dem Ruf so leise wie möglich. Die Erzieherin kann die Kinder weiterhin bitten, auf Geräusche wie etwa das Ticken einer Uhr, Radio oder Babyweinen in der Nachbarschaft, Baustellengeräusche etc. zu achten.

Erfolgskontrolle

Das Empfinden der Stille.

Gehen auf der Linie

Das Material

Eine auf den Fußboden gemalte elliptische Linie und Gläser, Kerzen, Glöckchen, Fähnchen, kleine Bälle, Tücher, Sandsäckchen, Holzwürfel etc.

Ab wann

Kinder nehmen diese Übung ab dem Alter von drei Jahren an.

Wie es gemacht wird

Die Erzieherin zeigt es: Sie geht auf der Linie und setzt dabei den Fuß ganz auf diese: Sowohl Fußspitze wie auch Absatz sind beide auf der Linie.

Montessori schreibt dazu: «Wer versucht, seine Füße in dieser Weise nacheinander voreinander zu setzen, meint zu fallen.»

Das ist für die Kinder eine Herausforderung.

Wenn ein Kind diese bewältigt und in dieser Weise sicher Schritt vor Schritt zu setzen vermag, wird ihm eine weitere Herausforderung geboten.

Nämlich ob es es schafft, die Füße so voreinander zu setzen, daß «die Ferse des vorderen die Spitze des hinteren berührt» (Montessori, *Die Entdeckung des Kindes*, S. 102).

Weitere Herausforderungen können darin bestehen, daß das Kind ein mit Flüssigkeit fast bis zum Rand gefülltes Glas beim Gehen trägt und so hält, daß es keine Flüssigkeit verschüttet.

Auch das Tragen von Glocken, die beim Gehen auf der Linie nicht zu hören sein dürfen, oder von Türmen aus Holzwürfeln und vieles andere mehr sind Herausforderungen, an denen sich Kinder gern erproben.

Erfolgskontrolle

Spüren, daß die Ferse des vorderen Fußes die Spitze des hinteren berührt.

Daß das Kind keine Flüssigkeit verschüttet, die Glocken nicht zu hören sind usw ...

Wasser gießen

Das Material

Ein Tablett. Darauf ein Glaskrug, bis zur Markierung gefüllt mit (gefärbtem) Wasser, zwei kleinere Gefäße ebenfalls mit Markierung[*], ein Tuch.

[*] Die Markierungen sind so angebracht, daß die Wassermenge in den beiden kleineren Gefäßen gleich der Wassermenge im Glaskrug ist.

Wasser gießen

Ab wann

Kinder nehmen dieses Angebot ab dem Alter von 3 Jahren an.

Wie es gemacht wird

Das Tablett mit Kanne und gefärbtem Wasser sowie den Gefäßen steht auf dem Tisch. Die Erzieherin ergreift den Glaskrug am Henkel und gießt das Wasser langsam in die beiden kleineren Gefäße. Zeigen sich danach Tropfen an der Kanne, so wischt sie diese mit dem Tuch ab. Nun gießt sie das Wasser aus den Gefäßen wieder in den Krug bis zur Markierung zurück. Die Erzieherin macht alles mit langsamen, exakten Bewegungen. Dann hat das Kind die Möglichkeit, es selbst zu tun. Die Übung ist beendet, wenn das Wasser weggebracht ist und die Gefäße abgetrocknet sind.

Wenn das Kind die Flüssigkeit so umfüllt, erfährt es, *ohne daß ihm das bewußt wird oder werden muß*: Der Eindruck, daß sich die Wassermenge verändert, geht mit der Wahrnehmung einher, daß die Wassermenge im Krug gleich bleibt. Wenn es dies häufig genug gemacht hat, hat es die Struktur der «Mengeninvarianz» entwickelt.[*]

---

[*] Dies ist eine der Tätigkeiten, die von Kinder zu einem bestimmten Zeitpunkt der Entwicklung ganz häufig wiederholt werden, wie es Maria Montessori z. B. von den Einsteckzylindern berichtet oder Piaget von seiner Tochter, als sie den Papphahn wiederholt in ihr Laufställchen gezogen hat.

Reis schütten: Konzentration,
daß nichts danebengeht

Erfolgskontrolle
Kein verschüttetes Wasser auf dem Tablett.

Reis schütten

Das Material
Tablett mit zwei Schalen, eine mit Reis und die zweite leer, Löffel

Ab wann
Kinder nehmen dieses Angebot ab 3 Jahre an.

Wie es gemacht wird
Die Erzieherin füllt mit dem Löffel den Reis aus der vollen Schale gleichmäßig in die leere. Eventuell daneben gefallene Reiskörner nimmt sie mit spitzen Fingern («Pinzettengriff») auf.

Erfolgskontrolle
Der «Erfolg» besteht darin, daß keine danebengefallenen Reiskörner zu sehen sind.

Kapitel 8

Das Mathematikmaterial

Unter vielen «Gebildeten» in unserer Gesellschaft gehört es zum guten Ton, von Mathematik nichts zu verstehen.

Mathematiker wiederum – die Computerfachleute eingeschlossen – sind stolz, über eine (Geheim-)Wissenschaft zu verfügen, die nur wenigen zugänglich ist. Dabei sind Mathematik und Geometrie ein wichtiges Handwerkszeug des Menschen, um sich die Wirklichkeit verfügbar zu machen.

Maria Montessori hatte das Glück, durch ihren Vater genau das zu erfahren. Und in der eigenen Schulzeit mußte sie – wie viele von uns auch – erleben, daß die Schule es nicht vermochte, die Mathematik für die kindliche Seele zu erschließen, sondern sie im Gegenteil als etwas Schwieriges und Unverständliches darstellte. *Psychoarithmetik* nannte sie deswegen das Buch, in dem sie ihre Vorstellungen von der Vermittlung der Mathematik an Kinder formulierte.

Sie mißt der Mathematik einen großen Wert für die geistige Entwicklung des Kindes bei (Montessori, *Psychoarithmetik*, S. 19).

Wir haben schon verschiedentlich davon gesprochen, daß Maria Montessori in der Entwicklung des Kindes die Entfaltung eines vorgegebenen göttlichen Planes sieht bzw. die Erarbeitung dieses Planes durch das Kind. Analog sieht sie in dem spontanen Vergleichen, Ordnen, Zählen und Messen des Kindes mit dem französischen Religionsphilosophen und Mathematiker Blaise Pascal das Wirken des «mathematischen Geistes».

Viele Pädagogen – auch Montessorianer – glauben auch heute noch, daß der Aufbau von Denk- und Ordnungsstrukturen mit dem bewußten Wahrnehmen beginne.

Wie wir durch Piaget wissen, sind Vergleichen und Unterscheiden von Eigenschaften Strukturen, die schon in «vorbewußter» Zeit entstehen.

Auch die Klassifikation von Unterschieden, d. h. das Feststellen, Ordnen und Benennen von Unterschieden, beginnt in der Zeit vorbewußter Intelligenzentwicklung.

Auch logische Strukturen, die die Voraussetzung für logisches Denken darstellen, entstehen schon in vorbewußter Zeit. Das zeigt zum Beispiel der von Piaget vielfach und liebevoll beschriebene «Volumenkonstanzbegriff».

Dies hat Maria Montessori intuitiv durch die Beobachtung der Kinder begriffen. Und aufgrund dieser Wahrnehmungen hat sie die Sinnesmaterialien entwickelt. Auch an einigen Übungen des täglichen Lebens entwickeln sich solche Strukturen schon in «vorbewußter» Zeit.

Innere Strukturen, die Grundlage intelligenter Operationen, entstehen nur durch Handeln. Maria Montessori hat aufeinander bezogene Materialien entwickelt, die es dem Kind ermöglichen, sich mathematische Strukturen handelnd anzueignen.

Für den mathematisch Informierten ist es aufregend zu sehen, daß die Medizinerin und Pädagogin schon Anfang des Jahrhunderts Zahlen als «Eigenschaften» von Mengen begriffen hatte – Jahrzehnte vor Bourbaki, jener Mathematikergruppe, die mit der Mengenlehre in den dreißiger Jahren eine neue Grundlage für das Gesamtsystem der Mathematik zu schaffen hoffte, welche dann in den sechziger Jahren wiederum die Einführung der Mengenlehre in die Grundschule zur Folge hatte.

Die Mathematikmaterialien bauen auf Bekanntem auf. So sind die *Numerischen Stangen* eine Weiterentwicklung der *Roten Stangen* aus dem Sinnesmaterial. Bei diesen ging es darum, unterschiedliche Längen aufeinander zu beziehen. Bei den *Numerischen Stangen* werden die Längeneinheiten nun benannt. Die Zahlen kommen so auf einen ersten «Begriff»: das Kind faßt sie an, begreift sie, sieht sie in ihren Unterschieden und Beziehungen.

Für Maria Montessori ist Mathematik nicht gleichbedeutend mit Zählen und Rechnen, vielmehr geht es darum, das Zahlensystem zu verstehen. Ihr Material ist darum ein Hilfsmittel, «dem Kind den Aufbau des Dezimalsystems begreiflich zu machen» (Montessori, *Psychoarithmetik*, S. 290).

Die Mathematikmaterialien beginnen mit den Zahlen von 1 bis

10. Das beruht auf der Erfahrung von Maria Montessori, daß Kinder zwar schon die «Namen großer Zahlen, wie hundert oder tausend» kennen, daß sie aber keine «klare Vorstellung von den entsprechenden Quantitäten» haben (a. a. O., S. 24).

Was aber die kleinen Zahlen bedeuten, das wissen sie.

Maria Montessori: «Sie haben eine Nase, zwei Hände, an jeder Hand fünf Finger usw. Des öfteren verlangen sie drei Bonbons statt nur zwei, wobei sie sehr wohl wissen, was das bedeutet.» (A. a. O.)

Das Entscheidende bei den Mathematikmaterialien ist der Umstand, daß die Zahlen von null bis zehn stets im Zusammenhang angeboten werden.

So wird das Augenmerk vom Zählen und den einzelnen Zahlen auf die Gesamtheit «zehn» gelenkt, die als eine ganze Menge wahrgenommen wird.

Charakteristisch ist weiterhin, daß nach der Eroberung des Zehners gleich ein «Riesensprung» kommt:

Sobald ein Kind im Zehnerbereich Zusammennehmen, Wegnehmen, mehrere gleiche Mengen zusammennehmen und Verteilen kann, gibt es einen Sprung in den Bereich großer, d. h. drei- und vierstelliger Mengen, und zwar mit Hilfe des *Goldenen Perlenmaterials* (s. S. 165).

Maria Montessori hat auch beobachtet, was Piaget beschreibt, nämlich die Verinnerlichung der Strukturen und die Loslösung vom äußeren Handeln zugunsten eines inneren Handelns, d. h. dessen, was wir uns angewöhnt haben, intelligentes Problemlösen zu nennen.

«Wenn das Kind die Rechenoperationen selbst hinreichend oft ausgeführt und diese dadurch verinnerlicht hat, wird es versuchen, den kürzesten Weg zum Ergebnis mit dem kleinsten Aufwand zu finden: Es wird das Material beiseite lassen und die Aufgabe ohne diese Hilfe lösen wollen.» (Montessori, *Psychoarithmetik*, S. 103 – die Übersetzung wurde von uns zum besseren Verständnis modifiziert. H. B. / H. S.)

Numerische Stangen (Blau-rote Stangen)

Das Material
Zehn Stäbe 2,5 x 2,5 Zentimeter stark, der kürzeste ist rot und zehn, der nächste ist halb rot, halb blau und 20 cm lang, der längste hat fünf rote und fünf blaue Abschnitte von je zehn Zentimeter Länge und ist also 100 Zentimeter lang.

Ab wann
Die numerischen Stangen können den Kindern erst angeboten werden, wenn sie mit den *Roten Stangen* ihre Erfahrungen gemacht haben.

Wie es gemacht wird
Die Arbeit beginnt zunächst nur mit den ersten drei Stangen.

Die Erzieherin nimmt die erste Stange, umgreift sie, fährt daran entlang und sagt: «Das ist eins.» Dann umgreift sie die zweite und zählt: «Eins, zwei», und indem sie an der Stange entlangfährt, sagt sie: «Das ist zwei.» Entsprechend macht sie es mit der dritten Stange.

Die Erzieherin fordert das Kind auf, es genauso zu machen.

Dann mischt sie die drei Stangen und bittet das Kind: «Zeig mir die Eins!» Usw.

Auf der dritten Stufe fragt die Erzieherin das Kind: «Sag mir, welche Stange ist das?» Usw.

An den folgenden Tagen werden dem Kind nach und nach auch die anderen Stangen angeboten.

Den Kindern macht es Spaß, wenn sie bestimmte Stangen (Erzieherin: «Hol die Sechs.») aus einem anderen Raum holen dürfen.

Aufträge wie die folgenden sind reizvoll für das Kind, wenn es schon wirklich sicher im Umgang mit den Stangen ist.: «Gib mir eine Stange, die um zwei (oder eins, drei …) kürzer bzw. länger ist.».

Erfolgskontrolle
Aufträge, wie der geschilderte («Hol die Sechs.»), dienen auch der Erfolgskontrolle.

Sandpapierziffern

Das Material
Auf zehn Brettchen sind aus Sandpapier die Ziffern von null bis neun geklebt.

Ab wann
Die Sandpapierziffern (außer der Null) werden nach der Einführung der *Numerischen Stangen* (s. S. 159) angeboten.

Wie es gemacht wird
Um die Empfindlichkeit der Fingerspitzen zu erhöhen, waschen sich Erzieherin und Kind vor der Arbeit mit den Sandpapierziffern die Hände.

Die Demonstration beginnt mit den ersten drei Ziffern, oder das Kind wählt drei Ziffern seiner Wahl aus. Die Erzieherin fährt mit Zeige- und Mittelfinger über die Ziffer, und zwar in der Schreibrichtung: «Eins». Sie fordert das Kind auf, es ihr nachzutun. Ebenso geht es mit den anderen beiden Ziffern. Dann werden die Ziffern gemischt, und die Erzieherin nimmt eine heraus, fährt mit Zeige- und Mittelfinger die Ziffer entlang und sagt z. B. : «Dies ist die Zwei.» und gibt sie dem Kind.

Dann fordert sie das Kind auf: «Gib mir ...»

Es fährt die Ziffer richtig nach, benennt sie und reicht sie der Erzieherin.

Schließlich zeigt die Erzieherin ihm eine Ziffer und fragt: «Welche Zahl ist das?» Das Kind fährt wiederum mit Zeige- und Mittelfinger die Ziffer nach und sagt, wie sie heißt.

Erfolgskontrolle
In manchen Montessori-Büchern wird gesagt, die Fehlerkontrolle bestünde darin, daß das Kind spürt, wenn es mit den Fingern von der Sandpapierfläche auf das Holz abkommt. Dies ist eine wichtige Rückmeldung für das Kind, um zu merken, ob es der Zifferspur folgt oder nicht. Allerdings sagt ihm diese Rückmeldung nicht, welche Ziffer es mit den Fingern erfaßt hat.

Aber genau darum geht es hier. Die Erfolgskontrolle ist hier darum ausschließlich durch die direkte Rückmeldung der Erzieherin gegeben. Sollte ein Kind nicht die gewünschte Ziffer herreichen, wird das von der Erzieherin bemerkt und z. B. in Frage gestellt: «Bist du sicher, daß das die Zwei ist?» etc.

Numerische Stangen (Blau-rote Stangen) mit Ziffernkarten

Das Material
Die Numerischen Stangen (Blau-rote Stangen) und zehn Holzbrettchen mit den Ziffern von eins bis zehn (= Ziffernkarten)

Ab wann
Die *Numerischen Stangen mit Ziffernkarten* können den Kindern nach Einführung der *Numerischen Stangen* (s. S. 159) und der *Sandpapierziffern* (s. S. 160) angeboten werden.

Wie es gemacht wird
Die Erzieherin führt zunächst die den Kindern noch unbekannte Ziffer Zehn ein. Die Ziffern werden den Stangen zugeordnet. Dabei werden die Abschnitte jeder Stange gezählt. Später werden die Stangen nach der Reihenfolge der Zahlen sortiert, und die Ziffernkarten werden darangelegt.

Erfolgskontrolle
Wenn die numerischen Stangen von eins bis zehn geordnet werden, ergibt sich eine optische Harmonie, die die Kinder schon von den Roten Stangen kennen. Die Zuordnung der Ziffernkarten kann durch das Abzählen der Felder an den Stangen überprüft werden.

Spindelkasten und Spindeln

Das Material
Zwei gleich große Kästen mit je fünf Fächern. Auf den Rückwänden der Fächer des ersten Kastens stehen die Ziffern Null bis Vier, auf den Rückwänden der Fächer des zweiten Kastens stehen die Ziffern Fünf bis Neun.

Spindelkasten und Spindeln: Leeres Fach: «Da kommt nichts hinein.» Womit viele Menschen ihr Leben lang Probleme haben, hier ist die Null ganz selbstverständlich, da: «Null Spindeln sind keine Spindeln.»

Dazu gibt es 45 Holzspindeln, außerdem acht Gummiringe oder (wenn die Kinder Schleifen binden können) Stoffschleifen.

Ab wann

Spindelkasten und Spindeln kann den Kindern nach den *Numerischen Stangen und Ziffernkarten* angeboten werden.

Wie es gemacht wird

Die Erzieherin stellt die beiden Kästen auf den Tisch. Sie nimmt die erste Spindel, sagt «eins» und legt sie in das Fach mit der Nummer «eins» auf der Rückwand, dann zählt sie zwei ab, macht einen Gummiring darum und legt sie in das Fach mit der Nummer «zwei». Und so fährt sie fort, bis sie alle Spindeln verteilt hat. Dann prüft sie demonstrativ, ob noch eine Spindel übrig ist. Dies ist nicht der Fall.

Wenn das Kind bemerkt, daß ein Fach leer geblieben ist, sagt die Erzieherin: «Da kommt nichts hinein. Das ist Null. Null Spindeln sind keine Spindeln.»

Nun holt sie alle Spindeln wieder heraus, entfernt Gummiringe bzw. Schleifen und fordert das Kind auf, es ihr nachzutun und die Spindeln in die Fächer hineinzuzählen.

Erfolgskontrolle

Wenn irgendwo Spindeln fehlen oder zum Schluß übriggeblieben sind, stimmt etwas nicht. Das Kind prüft noch mal alles durch, bis alle Spindeln untergebracht sind. Hat das Kind vorher nicht bemerkt, daß das Nullfach leer geblieben ist, lenkt die Erzieherin jetzt das Augenmerk des Kindes darauf und erklärt, was Null bedeutet.

Ziffern und Chips

Das Material

Aus Holz ausgesägte rote Ziffern von eins bis zehn, eine Dose mit 55 Chips.

Ab wann

Nach dem *Spindelkasten*.

Wie es gemacht wird

Die Erzieherin legt die Ziffern von eins bis zehn ungeordnet vor das Kind und bittet es, sie zu ordnen, d. h. eine Reihe von eins bis zehn daraus zu bilden. Die Erzieherin legt nun unter die jeweilige Ziffer die entsprechende Anzahl Chips, und zwar in Zweiersäulen. Bei ungeraden Zahlen kommt der letzte Chip unten in die Mitte.

Nachdem sie alle Chips verteilt hat, prüft die Erzieherin, ob noch ein Chip übrig ist. Dies ist nicht der Fall. Dann gibt sie dem Kind die Möglichkeit, es ihr nachzutun.

Erfolgskontrolle

Wenn am Schluß Chips fehlen oder zuviel sind, prüft das Kind, ob es irgendwo zuviel oder zuwenig hingelegt hat.

Hat das Kind die Chips ein paarmal richtig unter den Ziffern verteilt, fährt die Erzieherin mit einem Stift von der Ziffernkarte zwischen den beiden Chipsreihen hindurch nach unten.

Wenn der Stift unten auf einen in der Mitte liegenden Chip trifft, muß der Stift eine Kurve machen. Das ist eine «ungerade Zahl». Wenn der Stift unten gerade auskommt, ist es eine «gerade» Zahl.

Die Erzieherin arbeitet mit zwei Kindern. Sie verteilt die Chips an beide.

Bleibt ein Chip übrig, ist es eine ungerade Zahl, bleibt keiner übrig, eine gerade ...

Farbige Perlentreppe

Das Material
Mehrere Perlenstäbchen, mindestens zwei von jeder Zahl, in folgenden Farben:

Perlenstäbe mit einer Perle = Rot
Perlenstäbe mit zwei Perlen = Grün
Perlenstäbe mit drei Perlen = Rosa
Perlenstäbe mit vier Perlen = Gelb
Perlenstäbe mit fünf Perlen = Hellblau
Perlenstäbe mit sechs Perlen = Lila
Perlenstäbe mit sieben Perlen = Weiß
Perlenstäbe mit acht Perlen = Braun
Perlenstäbe mit neun Perlen = Dunkelblau

Ab wann
Nach *Ziffern und Chips*.

Wie es gemacht wird
Die Erzieherin nimmt von jeder Zahl ein Perlenstäbchen und legt mit diesen eine *farbige Perlentreppe*.

Die Erzieherin befühlt mit Zeige- und Mittelfinger das Einer-Perlenstäbchen und sagt: «Das ist die Eins». Sie fordert das Kind auf, es ihr nachzutun. Ebenso geht es mit den anderen Perlenstäbchen.

164 Dann werden die Perlenstäbchen gemischt, und die Erzieherin nimmt eines heraus, befühlt es mit Zeige- und Mittelfinger und sagt z. B. : «Dies ist die Zwei» und gibt es dem Kind.

Dann fordert sie das Kind auf: «Gib mir (z. B. die Sechs) ...»

Es befühlt das Perlenstäbchen, benennt es und reicht es der Erzieherin.

Schließlich zeigt die Erzieherin dem Kind ein bestimmtes Perlenstäbchen und fragt: «Welche Zahl ist das?» Das Kind fährt wiederum mit Zeige- und Mittelfinger das Perlenstäbchen nach und sagt, wie es heißt.

Das Goldene Perlenmaterial

Das Material
Ein Tablett mit zehn einzelnen Perlen («Einerperlen»), zehn Stäbchen mit je zehn Perlen («Zehnerstäbchen»), zehn Quadraten aus je zehn Zehnerstäbchen («Hunderterquadraten») und einem Würfel, der aus zehn Hunderterquadraten besteht («Tausenderkubus»). Dazu gibt es dünnen Draht zum Auffädeln der Einerperlen.

Außerdem: drei weitere Tabletts mit Hunderterquadraten, Zehnerstäbchen und Einerperlen und einige leere Tabletts

Ab wann
Das Goldene Perlenmaterial kann dem Kind angeboten werden, wenn es bis zehn zählen kann.

Wie es gemacht wird
Ausgangspunkt der Lektion ist das Tablett mit zehn Einerperlen, zehn Zehnerstäbchen, zehn Hunderterquadraten, dem Tausenderkubus und dem Draht.

Die Erzieherin ergreift eine Einerperle: «Das ist ein Einer.» Sie nimmt den Draht und fädelt darauf eine Einerperle nach der anderen auf und zählt: «Eins, zwei, drei ... zehn.»

Sie nimmt nun eines der Zehnerstäbchen und legt ihr fertiges Produkt daneben und sagt: «Das ist ein Zehner.»

Analog legt sie zehn Zehnerstäbchen zum Quadrat, legt eines von den Hunderterquadraten daneben und sagt: «Das ist ein Hunderter.»

Mit dem Goldenen Perlenmaterial wird der Zusammenhang zwischen Einern, Zehnern, Hundertern und Tausendern und damit auch der Gesamtzusammenhang des ganzen Dezimalsystems im wahrsten Sinne des Wortes «begreiflich». Das Kind operiert mit Zehnern, Hundertern, Tausendern von dem Moment an, in dem es bis zehn zählen kann.

Anschließend türmt sie zählend zehn Hunderterquadrate aufeinander, vergleicht den Turm mit dem Tausenderkubus: «Das ist der Tausender.»

Das Kind wiederholt dies alles, fädelt Perlen auf zu Zehnerstäbchen, macht aus Zehnerstäbchen Hunderterquadrate, türmt Hunderterquadrate zu Tausendern. Es bewegt sich so handelnd und aneignend im Raum der tausend Zahlen.

Auf der nächsten Stufe fordert die Erzieherin das Kind auf, ihr z. B. zwei Zehner, acht Einer oder fünf Hunderter zu bringen.

Um der Erfolgskontrolle willen wird alles Gebrachte gezählt.

Erst wenn das Kind hierin vollkommen sicher ist, werden schwierigere Aufträge erteilt, z. B.: «Bringe mir fünf Hunderter, zwei Zehner und sechs Einer» etc.

Durch Tauschen erfährt das Kind handelnd, daß Mengen verschiedener Kategorien gleich sind. Gleichzeitig strukturieren sich dabei unübersichtliche Mengen, wenn das Kind z. B. 33 Einerperlen in Zehnerstäbchen umtauscht.

Geßlein schreibt: «Es hat sich gezeigt, daß diese Tauschübungen für das Verständnis des Dezimalsystems grundlegend sind. Sie werden deshalb in vielen Variationen und zwischen allen Kategorien **166** angeboten.» (Geßlein, *Das Mathematikmaterial*, S. 30)

Es kann hier nur angedeutet werden, welche Dimensionen das Goldene Perlenmaterial eröffnet. Aber schon so kann jeder, der einen herkömmlichen Rechenunterricht genossen hat, sofort erkennen, daß es sich hier um eine völlig andere Qualität von Einführung in die Zahlenwelt des Dezimalsystems handelt.

Séguintafeln 1*

Das Material

Bei diesen Séguintafeln handelt es sich um zwei Bretter. Jedes von ihnen ist in fünf Felder eingeteilt. Die fünf Felder der ersten Tafel sowie vier Felder der zweiten Tafel enthalten jedes die Ziffer Zehn. Das letzte Feld der zweiten Tafel bleibt leer.

Dazu gibt es neun Brettchen mit den Ziffern von Eins bis Neun, die auf die Nullfelder geschoben werden können.

Außerdem Zehnerstäbchen und Einerperlen aus dem Goldenen Perlenmaterial.

Ab wann

Die Séguintafeln können den Kindern nach der Einführung der Zahlen von elf bis neunzehn mit der *Farbigen Perlentreppe* angeboten werden.

Wie es gemacht wird

Die beiden *Séguintafeln* werden nebeneinandergelegt. Die Erzieherin legt neben jede Zehn ein Zehnerstäbchen. Dann nimmt sie das Brettchen mit der Ziffer «Eins» und legt es auf das Nullfeld der ersten Zehn und sagt: «Elf», indem sie eine Einerperle zu dem danebenliegenden Zehnerstäbchen hinzufügt. Das macht sie dann genauso mit dem Zweier-Brettchen usw. bis neunzehn.

Dann fordert sie das Kind auf, es selbst zu tun.

---

* Es gibt auch noch «Séguintafeln 2», auf deren Darstellung wir hier verzichten. Wir stellen das Material auch vor allen Dingen deshalb vor, um zu zeigen, aus welchen Quellen Maria Montessori ihre Inspiration gewonnen hat.

Kapitel 9

Das Sprachmaterial

Wir haben in Kapitel 2 in den Abschnitten «Lesen lernen» (s. S. 46) und «Spontanes Schreiben» (s. S. 47) darüber berichtet, wie Maria Montessori dazu kam, auch für diese beiden Kulturtechniken Materialien zu entwickeln, nachdem sie ja bereits an ihrer ersten pädagogischen Wirkungsstätte, der Modellschule für geistig behinderte Kinder *Scuola Magistrale Ortofrenica,* Holzbuchstaben eingesetzt und ihre geistig behinderten Schüler befähigt hatte, lesen und schreiben zu lernen. Diese hatten die Prüfungen besser bestanden als die gleichaltrigen «normalen» Kinder.

Ihre Feststellung einer «sensitiven Periode» für das Schreiben- und Lesenlernen haben wir im Abschnitt «Die sensitiven Phasen» (s. S. 71) relativiert. Hier stellen wir einige der Sprachmaterialien vor, welche im Vorschulalter benutzt werden.

Die Metallenen Einsatzfiguren

Das Material
Zehn fleischfarben lackierte Quadrate (14 mal 14 cm) aus Metall, präsentiert auf zwei leicht geneigten Holzablagen.

Die Quadrate enthalten Einsätze aus blauem Metall, die das Kind an einem Knopf herausheben kann.

Auf der ersten Holzablage finden sich Formen mit geraden Linien (Quadrat, Rechteck, Dreieck, Trapez, Fünfeck).

Auf der zweiten Holzablage finden sich Formen mit gebogenen Linien (Kreis, Ei, Ellipse, Vierpaß[*], Kreisbogendreieck)

---

[*] Beim Vierpaß handelt es sich um eine aus vier Kreisbögen gebildete Maßwerksfigur, die in der gotischen Baukunst eine Rolle spielte.

Buntstifte, Zettel in der gleichen Größe wie die Quadrate mit den Metalleinsätzen.

Ab wann
Kinder nehmen dieses Angebot ab dem Alter von 4 Jahren an.

Wie es gemacht wird
Erzieherin und Kind holen zunächst die Holzablage mit den fünf fleischfarbenen Quadraten, in denen sich die blauen *metallenen Einsatzfiguren* mit kreisförmigen Linien befinden. Diese und die anderen Materialien ordnet sie auf dem Tisch vor sich.

Die Erzieherin beginnt (in der Regel) mit dem Kreis, legt den metallenen Einsatz beiseite und den fleischfarbenen Rahmen auf ein weißes Blatt. Mit einem Farbstift zeichnet sie den Kreis in der Platte nach.

Nachdem sie diese wieder auf die Holzablage getan hat, nimmt sie den metallenen Einsatz, sie faßt ihn mit drei Fingern an dem dafür vorgesehenen Knopf in der Mitte und bewegt den Einsatz auf dem Blatt langsam hin und her, bis er den von ihr gezogenen farbigen Kreis verdeckt. Nun zeichnet sie die Umrisse des Einsatzes mit einem andersfarbigen Stift nach.

Wenn sie dann den Einsatz abhebt, blickt man auf einen zweifarbigen Kreis.

Als letztes füllt die Erzieherin diesen zweifarbigen Kreis mit einer dritten Farbe aus, indem sie parallele Linien zieht.

Maria Montessori weist darauf hin, wie wichtig es ist, daß das Kind dies ohne Richtungsvorgaben seitens der Erzieherin tut. Denn beim Ausfüllen einer einzigen Figur macht das Kind so viele «Handbewegungen, die es bräuchte, um zehn Seiten mit kleinen Strichen zu füllen. Es vermag die zu diesem Zweck erforderlichen Muskelkontraktionen ermüdungsfrei zu koordinieren, wenn es dabei die ihm gemäße Richtung wählen kann. Es findet Befriedigung darin, daß vor seinen Augen eine große Figur in lebhafter Farbe entsteht.» (Montessori; *Die Entdeckung des Kindes*, S. 233 – Die Übersetzung wurde von uns zum besseren Verständnis modifiziert. H. B. / H. Sp.)

Dann fordert die Erzieherin das Kind auf, es ihm nachzutun.

Nach und nach werden so alle zehn metallenen Einsätze eingeführt.

Wenn das Kind im Verlauf der Arbeit mit den metallenen Einsätzen den Wunsch äußert, es allein zu machen, darf es das selbstverständlich.

Erfolgskontrolle
Die Erfolgskontrolle ergibt sich aus der Passung der verschiedenen
Figuren zueinander.

Die Sandpapierbuchstaben

Das Material
Auf Holztäfelchen geklebte Buchstaben und Phonogramme* aus
hellem Sandpapier. Die Holztäfelchen mit Vokalen sind blau, jene
für die Konsonanten rot.

Ab wann
Kinder nehmen dieses Angebot etwa ab dem Alter von 4 Jahren an.

Wie es gemacht wird
Die Erzieherin wählt aus den Sandpapierbuchstaben zunächst zwei
unterschiedliche Vokale, z. B. a und e, aus. Mit Zeige- und Mittelfinger fährt sie die Sandpapierspur des ersten Buchstabens entlang
und spricht dabei den Laut langgezogen und deutlich «Aaaaaaaa.
Das ist a». Nachdem sie das einige Male wiederholt hat, gibt sie dem
Kind den Sandpapierbuchstaben und fordert es auf, es ihr nachzumachen.

Wenn die Finger von der Linie des Buchstabens abweichen, spürt
das Kind sofort das glatte Holz und kann wieder zum Buchstaben
zurückfinden.

Maria Montessori: «Es kann also alleine unzählige Male die zur
Nachbildung der Buchstaben erforderlichen Bewegungen wieder-

---

* Als Phonogramme bezeichnet Maria Montessori jene Buchstabenverbindungen wie **au,
ei, sch** usw., welche einen eigenen Laut bzw. eine eigene Lautverbindung repräsentieren,
welche / r nicht durch einen einzelnen Buchstaben zum Hören gebracht wird.

Das Kind eignet sich die Buchstaben durch Nachfahren mit den Fingern an. Wenn es vom rechten Weg abkommt, merkt es das sofort.

holen, ohne befürchten zu müssen, sich zu irren.» (Montessori, *Die Entdeckung des Kindes*, S. 236)

Konsonanten können schon dann angeboten werden, wenn das Kind nur wenige Vokale kennengelernt hat.

Das hat den Vorteil, daß alsbald Wörter gebildet werden können.

Dazu bemerkt Maria Montessori: «Ich halte es nicht für zweckmäßig, beim Lehren der Konsonanten einer besonderen Regel zu folgen. Sehr häufig... weckt ein ausgesprochener Name im Kind das Interesse, zu erfahren, welcher Konsonant zu seiner Zusammensetzung erforderlich ist. Dieser Wille des Kindes ist als Mittel viel *wirksamer* als jede Überlegung über die zu wählende Reihenfolge.» (A. a. O., S. 237)

Wenn das Kind eine Anzahl von Buchstaben auf diese Art «begriffen» hat, legt die Erzieherin einige von diesen auf dem Tisch aus und bittet das Kind, ihm einen bestimmten Buchstaben zu geben. Wenn das Kind den Buchstaben mit den Augen nicht herausfindet, bittet die Erzieherin es, die Buchstaben zu betasten; wenn auch das ohne Ergebnis bleibt, beendet die Erzieherin die Abfrage.

Sie wiederholt sie, wenn das Kind sich wieder mit den Sandpapierbuchstaben beschäftigt hat.

Erfolgskontrolle

Durch die Rückmeldung der Erzieherin erfährt das Kind, daß es alles richtig gemacht hat.

Das Bewegliche Alphabet

Das Material

Die kleinen Buchstaben des Alphabets aus Kunststoff, in Größe und Farbe (Vokale Blau, Konsonanten Rot) der Sandpapierbuchstaben, in mehreren flachen Holzkästen mit Fächern.

Das gleiche gibt es in Form ausgestanzter Buchstaben sowie in Form von bedruckten Kärtchen.

Ab wann

Kinder nehmen dieses Angebot etwa ab dem Alter von 4 Jahren an.

Wie es gemacht wird

Wenn das Kind einige Vokale und Konsonanten kennt, führt die Erzieherin in den Gebrauch der einzelnen Buchstaben ein. Sie stellt einen der Kästen auf den Tisch. Darin sind die Vokale und eine Hälfte der Konsonanten enthalten.

Die Erzieherin nennt z. B. den Namen des Kindes «Lisa», sie zerlegt das Wort lautlich, indem sie die Lautwerte getrennt ausspricht: Llll – iiii – ssss – aaaaa. Dann betont sie das L, nimmt das L aus seinem Fach im großen Kasten und legt es auf den Tisch. Sie spricht nunmehr das I und legt es neben das L und so fort. So setzt sie das Wort aus den Buchstaben zusammen.

Wichtig ist,

1. daß die Erzieherin für diese Übungen ausschließlich Wörter benutzt, bei denen Klang und Schreibung übereinstimmen, also z. B. Mama, Oma, Igel, Dose, Kugel etc.
2. daß die Rechtschreibung bei diesen Übungen absolut keine Rolle spielt. In dieser Phase lernt das Kind eines der Ur-Prinzipien der Schriftsprache: die Entsprechung von Laut und Lautzeichen.

«han» (für «Hahn») ist also in diesem Stadium eine vollwertige

Leistung, die auf keinen Fall «verbessert» oder kritisiert werden darf.

Hier geht es ausschließlich um die *lautsprachliche* Analyse von Wörtern und die Wiedergabe dieser Lautwerte durch Buchstaben. Darum gibt es in diesem Materialangebot auch keine Großbuchstaben.

Auch der Setzkasten (Freinetdruckerei) kann für dieses Lernangebot genutzt werden. Die Möglichkeit, die Wörter zu drucken, ist für viele Kinder sehr reizvoll.

Erfolgskontrolle

Der Erfolg ist dann gegeben, wenn das gelegte Buchstabenwort gelesen wird und das gesprochene Wort damit übereinstimmt. Also «han» gleich «HAHN».

Das Schreiben

Das Material

Schreibpapier, Hefte, Blöcke, Tafeln – mit und ohne Linien, Kreide, Griffel, verschieden dicke Stifte

Ab wann

Die Kinder interessieren sich ab dem Alter von etwa dreieinhalb Jahren für das Schreiben. Und man muß – wie wir schon im Abschnitt «Die sensitiven Phasen» (s. S. 71) angemerkt haben – dazusagen: in einer Umgebung, in der das Schreiben wichtig genommen wird.

Wir haben ebenfalls im Abschnitt «Die sensitiven Phasen» (s. S. 71) auf die Erfahrungen im *Pesta* der Wilds in Quito / Equador verwiesen, wo sich die Kinder z. T. erst im Alter von neun oder zehn Jahren spontan für das Lesen und Schreiben interessieren, in der *Casa dei Bambini* dagegen interessierten sich alle Kleinen von vier Jahren an lebhaft für das Schreiben (s. S. 47).

Wie es gemacht wird

Es gibt für das Schreiben keine besonderen Einführungen.

Hat das Kind angefangen zu schreiben, so ist es ganz besonders wichtig, daß die Erzieherin das Kind keinesfalls auf «Fehler» hinweist.

Stellt sie fest, daß das Kind die hörbaren Buchstaben nicht durch ihre schriftsprachliche Entsprechung wiedergibt, soll sie nach der Empfehlung Maria Montessoris dem Kind erneut die Sandpapierbuchstaben anbieten und ihm helfen, sich diese durch erneutes Betasten noch besser anzueignen.

Erst sehr viel später, wenn die Kindern durch Lesen erfahren haben, daß die lautliche Darstellung des Wortes in den Büchern oft abweichend ist von dem, wie sie das Wort hören, wird dieses Thema besprochen.

Erst wenn das verstanden und daraus das Bedürfnis nach «richtiger» Schreibung entstanden ist, gibt man ihnen ein geeignetes Wörterbuch, mit dessen Hilfe sie sich die «Rechtschreibung» selbst aneignen können.

Teil 4

Kapitel 10

Montessori zu Hause

Was bedeuten die Entdeckungen Maria Montessoris für den Umgang mit den Kindern zu Hause?

Der Kern aller ihrer Erkenntnis ist der Satz «Hilf mir, es selbst zu tun». Oder, wie wir übersetzt haben: «Schaffe mir Bedingungen, damit ich es selbst tun kann.»

«Will alleine!»

Das Kind hat einen ganz eigenen Ausdruck, einen Warnruf, mit dem es sich wehrt, wenn wir diesem fundamentalen Gesetz seiner Entwicklung nicht entsprechen: «Will alleine!»

Wenn uns dieses «Will alleine!» entgegenklingt, sollte es uns wie eine rot schrillende Alarmglocke treffen, daß wir im Begriff sind, dem Kind eine wichtige Chance für seine Entwicklung abzuschneiden.

Meist geschieht das in Situationen, wo wir meinen, gar nicht anders zu können, Streß, Hektik, keine Zeit.

Wir sind zu einem Termin beim Arzt angemeldet. Beim Frühstück haben wir etwas zu lange in die Zeitung geguckt. Jetzt brennt es.

Schnell, schnell, anziehen ...

«Ah, Tanja, was trödelst du wieder rum», fahre ich die Tochter an, die sich bemüht, ihren Mantel zuzuknöpfen. «Das dauert viel zu lange. Komm, ich mach dir das.»

«Will alleine!» tönt es mir entgegen.

Mir fällt noch rechtzeitig Maria Montessori ein. Ich beiße die Zähne zusammen, geh noch mal in die Küche, wo diese blöde Zeitung liegt, derentwegen ...

176   Endlich hat sie es geschafft. Tanja merkt aber, daß ich nervös und ungeduldig bin, sie guckt mich schuldbewußt an. «Scheiße», denke ich und fahre schneller, als die Polizei erlaubt.

Im Wartezimmer ist es voll. Trotz Termin müssen wir über eine halbe Stunde warten. Die Sprechstundenhilfe entschuldigt sich. Ich empfinde die Sinnlosigkeit meiner Hektik vorhin und sage zu Tanja: «Sei mir nicht bös, daß ich vorhin so ungeduldig war, als du deinen Mantel zugeknöpft hast.»

Lieb legt sie mir ihre kleine Hand auf den Arm und strahlt mich an. Mir wird's warm ums Herz, und plötzlich fühle ich mich wie eine Mustermutter. Und nehme mir fest vor, immer viel Zeit für Tanja einzuplanen und mich in Geduld zu üben.

Liebe Leserinnen und liebe Leser, Sie wissen schon, daß der Weg zur Hölle mit guten Vorsätzen gepflastert ist und daß gerade das – Zeit und Geduld für die Kinder aufzubringen – am allerschwersten ist.

Und wie oft habe ich dagegen gesündigt.

Und doch: Zeit und Geduld für die Kinder aufzubringen – das ist das Allerwichtigste. Nur so können wir ihnen ermöglichen, ihre eigenen Erfahrungen zu machen und so ein «Selbst» zu werden, ein Mensch, der in sich ruht, der seine Sicherheit aus sich selber schöpft.

Wer sich wirklich darum bemüht, Zeit und Geduld für seine Kinder aufzubringen und – wenn es mal nicht klappt – ihnen signalisiert, daß sie, die Kinder, mit ihrem «Will alleine» im Recht waren, der wird durch wunderbar kluge, einfühlsame, zuvorkommende, verantwortungsvolle und selbstbewußte Kinder dafür tausendfach mehr als entschädigt: königlich belohnt.[*]

---

[*] Daß es uns schwerfällt, für das Kind Geduld aufzubringen, liegt in der Natur des Erwachsenendaseins, wie Maria Montessori schreibt: «Daß es gelte, ein Ziel auf dem direktesten Wege und somit in der kürzest möglichen Zeit zu erreichen, bedeutet für ihn (den Erwachsenen, H. B. / H. SP.) eine Art Naturgesetz, für das er denn auch den Ausdruck vom ‹Gesetz des geringsten Aufwandes› geprägt hat. Wenn er also sieht, wie das Kind große Anstrengungen macht, um eine nutzlose Handlung auszuführen, die er selber in einem Augenblick viel vollkommener ausführen könnte, ist er versucht, dem Kind zu Hilfe zu kommen und damit einem Schauspiel ein Ende zu bereiten, das ihm unerträglich ist … Versucht das Kind, sich zu kämmen, so sieht der Erwachsene diesem bewundernswerten Bemühen nicht etwa beglückt zu, sondern er empfindet es als einen Angriff auf seine eigenen Wesensgesetze. Er sieht, daß das Kind sich weder gut noch schnell kämmt und nie eine ordentliche Frisur zuwege bringen wird, während er, der Erwachsene, das alles viel rascher

Mit diesem «Will alleine» des Kindes verantwortungsvoll umzugehen, das ist gewiß das Wichtigste, was uns Maria Montessori lehrt.

Der innere Bauplan des Kindes und die «sensitiven Perioden»

Mit dem «Will alleine!» drückt das Kind aus, daß es der Schöpfer seines eigenen Ich ist. Oder das Kind trägt – wie Maria Montessori das ausdrückt – den «Schlüssel zu seinem rätselhaften individuellen Dasein von allem Anfang in sich. Es verfügt über einen inneren Bauplan der Seele und über vorbestimmte Richtlinien für seine Entwicklung. Das alles aber ist zunächst äußerst zart und empfindlich, und ein unzeitgemäßes Eingreifen des Erwachsenen mit seinem Willen und seinen übertriebenen Vorstellungen von der eigenen Machtvollkommenheit kann jenen Bauplan zerstören oder seine Verwirklichung in falsche Bahnen lenken.» (Montessori, *Kinder sind anders*, S. 55 / 56)

Dieser «innere Bauplan» zeigt sich deutlich in den «sensitiven Phasen» oder «sensitiven Perioden», über die wir auf S. 71 ff ausführlich geschrieben haben.

Hier wollen wir zur Verdeutlichung und als Ergänzung des dort Gesagten noch die «sensitive Periode» für das «Sauberwerden» ausführlicher darstellen, also jene Periode, in der die Kinder von sich aus anfangen, ihre Ausscheidungen zu kontrollieren und sowohl Kot und Urin gemäß dem Vorbild der Erwachsenen (s. den nächsten Abschnitt) wegzutun – was kulturabhängig bei uns bedeutet, daß sie auf das Klo möchten, was man ihnen mit Hocker und einem speziell dafür geeigneten Einsatz ermöglichen kann. Sie nehmen aber, vernünftig wie sie sind, auch das Töpfchen als Ersatz an.

Diese «sensitive Phase» *beginnt* bei den meisten Kindern in der Mitte des zweiten Lebensjahres, also etwa mit eineinhalb. Vorher

und besser besorgen kann. Das Kind, das freudig eine für den Aufbau seiner Persönlichkeit wichtige Handlung vollführt, muß also erleben, wie der Erwachsene, dieser fast bis an die Decke reichende, über jeden Begriff mächtige Riese, gegen den jeder Widerstand vergebens ist, herankommt, ihm den Kamm aus den Händen windet und erklärt, er werde das Kind

kämmen.» (Montessori, *Kinder sind anders*, S. 125 / 126)

werden Kinder nur bei erheblichem (psychischem oder auch physischem) Druck durch Eltern oder Erzieherinnen «sauber», was stets psychische Schäden zur Folge hat, die sich oft erst sehr viel später im Leben zeigen.

Die Übung, den Kindern Windeln anzulegen, verhindert aber, daß die sensitive Phase für das Sauberwerden sich gleich nach ihrem Beginn insofern auswirkt, daß die Kinder ihre Ausscheidungen alsbald selbständig nach dem Vorbild ihrer Eltern und Geschwister dem Klo anvertrauen.

Wenn wintergeborene Kinder mit ihren Eltern im Sommer, in dem sie etwa eineinhalb sind, Strandurlaub machen, kommt es vor, daß sie von allein die Windeln ablegen. Sie sind bereits fähig, die Schließmuskeln zu kontrollieren. Weil sie nackt umherlaufen, spüren sie es, wenn der Urin an den Beinen herunterläuft oder der Kot aus ihnen herauswill, wofür sie sich instinktiv hinkauern. Wenn sie lange genug Zeit haben, führen diese Erfahrungen dazu, daß sie z. B. tagsüber keine Windeln mehr haben wollen.

Diese «sensitive Phase» macht völlig überflüssig, was Eltern in der Regel tun, um ihr Kind «sauber» zu bekommen. Auch hier geht es nur darum, die Voraussetzungen dafür zu schaffen, daß das Kind es selbst tun kann.

So berichtet ein Vater, der Redakteur Schneider, von seiner Tochter Nicole, die mit eineinhalb keine solche Chance hatte:

«Tagsüber kam es dann schon vor, daß Nicole nach dem Topf verlangte, wenn sie pinkeln mußte. Aber das war eher die Ausnahme als die Regel. Dann sind wir im Sommer an die See gefahren. Da war Nicole zweieinhalb Jahre alt. Selbstverständlich ist sie den ganzen Tag am Strand nackt herumgelaufen. Dabei machte sie dann wohl das erste Mal in ihrem Leben ganz bewußte Erfahrungen mit ihren Ausscheidungen.

Einmal machte sie am Strand einen Haufen – es war noch recht früh, und es waren noch nicht so viele Leute da – und saß dann lange Zeit versonnen davor und betrachtete ihn, bevor sie uns dann holte und sagte: «Ich will den einbuddeln.» Und das tat sie dann auch.

Nach Beendigung dieses Urlaubs hat sie, ohne daß wir etwas dazu getan hätten, keine Windel mehr gebraucht.»

(Aus einem Bericht, der uns vorliegt.)

Daß es die «sensitive Phase für das Sauberwerden» gibt, wird auch die Erfahrungen mit der «Unten-ohne-Methode» belegt, wie sie in den siebziger Jahren von Elisabeth Dessai beschrieben wurde (Dessai 1975).

Auf diese «Unten-ohne-Methode» ist sie durch eine Bäuerin gekommen, die ihr einjähriges Kind ohne Windeln in der Bauernstube herumlaufen ließ. Wenn es dabei ein Häufchen auf den teppichlosen Stubenboden setzte, entfernte die Bäuerin es gelassen mit einem Stück Papier und wischte die Stelle mit einem Schwamm nach. Der verdutzten Besucherin erklärte die Bäuerin: «Wozu den Kindern mit zwölf Monaten etwas aufzwingen, was sie mit zwanzig Monaten freiwillig tun?» (Dessai 1975, S. 18)

Elisabeth Dessai wendete diese Methode bei ihren eigenen beiden Kindern mit Erfolg an.

Während eines dreizehnmonatigen Aufenthalts in einem indischen Dorf hatte Elisabeth Dessai die Erfahrung gemacht: Kinder können mit anderthalb Jahren soweit sein, daß sie das Haus nicht mehr beschmutzen: «Die kleinen Kinder liefen nur mit einem Hemd bekleidet herum. Ein Klo kennt der verarmte indische Pächter nicht. Man geht aufs Feld oder in den Wald ... Die Dorfkinder ... gingen zwar nicht auf das meist sehr weit entfernte Feld, sondern hockten sich in den nahe gelegenen Garten.» (Dessai 1975, S. 18 / 19)

In dem Buch *So werden Kinder sauber* zitieren die Autorinnen Gunhild Grimm und Inga Bodenburg u. a. eine Frau aus Berlin, die die «Unten-ohne-Methode» der Elisabeth Dessais ausprobiert hat:

«Melanie ist am 18. April geboren. Sie durfte schon als Säugling den Sommer ohne Windeln genießen.

Im zweiten Sommer habe ich sie dann wieder nackt herumlaufen lassen, und so kam es, daß es ihr unangenehm war, wenn ihr alles am Bein entlanglief. Da habe ich ihr den Topf angeboten, und von da an setzte sie sich darauf, wenn sie mußte. So war sie mit 16 Monaten sauber. Im Winter war es jedoch zu kalt, um sie ohne Windeln mit nach draußen zu nehmen und sie dann ständig abzuhalten. Mit eineinhalb Jahren aber können die Kinder einfach noch nicht lange anhalten. So habe ich ihr wieder Windeln umgebunden, wenn wir nach draußen gingen. Dadurch ist sie natürlich wieder rückfällig geworden. Aber im März, als es wieder wärmer wurde, dauerte es nur wenige Tage, und sie war wieder sauber, so daß sie also mit zwei Jahren Tag und Nacht trocken war.» (Grimm 1985, S. 63)

Daß das Kind diese sensitive Periode des Sauberwerdens für sich wahrnehmen kann, setzt voraus, daß ihm nicht durch die Windeln die Wahrnehmung des Körpergeschehens verwehrt ist. Darum sind lange Urlaube am Strand, wo das Kind nackt herumlaufen kann, für unsere Kultur die beste Voraussetzung, damit das Kind «es», nämlich das Ablegen der Windeln, «selbst tun» kann. Denn die «Unten-ohne-Methode» wird wahrscheinlich die meisten Eltern überfordern.

Wir als Vorbilder

Dies wird keine moralische Lektion darüber, wie wir uns anständig zu verhalten haben, damit wir unseren Kindern als Vorbilder dienen können.

Als gleichermaßen einfühlsame wie scharfsinnig analysierende Kinderbeobachterin hat Maria Montessori klar gesehen, daß die Bedürfnisse der Kinder nach konkretem Tun ihren Ursprung im Vorbild der Erwachsenen haben.

Die Kinder wollen so werden wie wir. Sie wollen «größer» sein, sie wollen darum das tun, was sie uns tun sehen.

Um es in den Worten Maria Montessoris zu sagen: «Für das Kind ist der Erwachsene das wichtigste Liebesobjekt; von ihm erhält es die Dinge, die es zum Leben braucht, von ihm übernimmt es, was es zu seiner geistigen Entwicklung und Bildung benötigt. … Mit seinem Tun zeigt der Erwachsene dem … Kind, wie Menschen sich bewegen und handeln. Ihn nachzuahmen ist für das Kind gleichbedeutend damit, ins Leben einzutreten.» (Montessori, *Kinder sind anders*, S. 145; die Übersetzung haben wir zur besseren Verständlichkeit leicht modifiziert. H. B. / H. S.)

Die Nachahmung der Handlungen des Erwachsenen ist also für das Kind der wichtigste konkrete Antrieb für seine Entwicklung.

Es liegt in der Natur der Sache, daß dieses Lern-Handeln der Kinder zunächst langsam und unbeholfen ist. Und es trifft häufig – wie wir schon gesehen haben – auf Hindernisse, Ungeduld, Unverständnis und daraus resultierende «Hilfe», die aber das Gegenteil von Hilfe, nämlich massive Behinderung der Lernentwicklung, bedeutet.

Ob das Kind sich bemüht, sich anzukleiden, seine Schuhe zuzuschnüren, der Mutter beim Essenkochen zu helfen – wie oft wird ein solcher Versuch des Kindes vorzeitig unterbrochen!

Wir sprachen schon davon, daß die scheinbare Nutzlosig- und Vergeblichkeit solcher kindlichen Versuche den Erwachsenen nervös macht. Maria Montessori sieht noch einen weiteren Grund für unsere unangenehmen Gefühle und abwehrenden Reaktionen gegenüber den kindlichen Versuchen, sich die Welt anzueignen. Dieser Grund liege darin, daß der Rhythmus des Erwachsenen von der Art sehr verschieden ist, in der sich die Bewegungen des Kindes vollziehen: «Man kann seinen persönlichen Rhythmus nicht einfach ablegen wie ein unmodern gewordenes Kleid und durch einen neuen ersetzen. Der Bewegungsrhythmus ist ein Teil der Persönlichkeit, einer ihrer Charakterzüge, fast wie die Form des Körpers, und der Zwang, sich einem fremden Rhythmus anpassen zu müssen, ist sehr einschneidend. Wenn wir z. B. einen Gelähmten begleiten, so empfinden wir alsbald eine Art Beklemmung; und wenn wir zusehen, wie ein Gelähmter langsam ein Glas zum Munde führt und dabei die darin enthaltene Flüssigkeit zu verschütten droht, verursacht uns der unerträgliche Zusammenstoß zweier Bewegungsrhythmen ein Unbehagen, das wir abzuschütteln suchen, indem wir unseren eigenen Rhythmus einschalten, was man dann «ihm zu Hilfe kommen» nennt. Nicht viel anders verhält sich der Erwachsene gegenüber dem Kind. Unbewußt sucht er zu verhindern, daß das Kind die ihm eigenen langsamen Bewegungen ausführt.» (Montessori, *Kinder sind anders*, S. 126)

Montessori hat beobachtet, daß der Erwachsene schnelle Bewegungen des Kindes eher zu ertragen vermag. «Und in diesem Falle ist er sogar bereit, sich mit der Unordnung und Verwirrung abzufinden, die ein lebhaftes Kind in seine Umwelt bringt. Das sind die Fälle, in denen der Erwachsene es fertig bringt, Geduld zu üben.» (A. a. O., S. 127)

Das ist, liebe Leserin, lieber Leser, eine ernste Warnung: Es ist

sehr schwierig, dem Kind den Freiraum zu geben, den es unbedingt benötigt, um sich zu entwickeln und jene Handlungen einzuüben, die ihm die selbständige Teilnahme am Leben ermöglichen.

Das Wichtigste an diesem selbsttätigen Lernen und Tun aber ist, daß das Kind dadurch Selbstbewußtsein entwickelt, statt zu lernen, daß es selbst zu nichts fähig ist, daß man ihm nichts zutraut und daß es darum auf die Hilfe anderer angewiesen ist.

Außerdem ist, wie wir schon gesagt haben, wichtig, daß durch solches *handelndes Lernen* (s. S. 63–66) die Intelligenzstrukturen sich bilden, die für alles weitere Lernen die unverzichtbare Grundlage bilden.

Äußere Bedingungen

Einem Kind den Weg zu bereiten, damit es aus sich heraus ein ganzer, gesunder, starker, kluger, emotional stabiler, einfühlsamer, zuvorkommender, selbstbewußter und verantwortlicher Mensch werden kann, ist gewiß die größte Aufgabe, die ein Mensch auf dieser Welt leisten kann. Sie ist gewiß mindestens genauso bedeutend wie die Aufgabe, ein Raumschiff zu konstruieren oder einen Wolkenkratzer zu bauen, einen Stausee anzulegen oder ein Solarkraftwerk zu entwickeln. Ja, unserer Meinung nach ist sie noch größer, bedeutender und wichtiger als alles andere, was Menschen in der Geschichte geleistet haben oder noch werden leisten können. Da nehmen wir die Sieben Weltwunder nicht aus, nicht den Bau der Pyramiden, auch nicht den Flug zum Mond, nicht die Entdeckung Amerikas und auch nicht die Eroberung der höchsten Berge im Himalaja, nicht die schönsten Filme, die gedreht wurden, ob «Panzerkreuzer Potemkin» oder «Jurassic Park».

Und wir halten es für einen Irrtum, daß eine solch wichtige und bedeutende Aufgabe so «nebenbei» gelöst werden kann, wie es nicht wenige Mitmenschen sich heute vorstellen. Für die Bewältigung dieser großen Aufgabe brauchen die Eltern – Mutter *und* Vater – vor allem Zeit.

Häufig wird suggeriert, daß wenn die Kinder noch klein sind, die Eltern ja noch über genug Zeit verfügen, um beispielsweise noch einen Job zu machen oder eine Examensarbeit zu schreiben usw.

Käme irgendwer auf den Gedanken, daß man die Golden-Gate-Brücke in San Francisco auch bauen könnte, indem man nebenbei noch einen anderen Job macht? Oder die *Buddenbrooks* schreiben?

Keiner könnte sich das vorstellen. Eine der beiden Sachen müßte ja wohl leiden. Und so ist es auch. Wie oft ist es das Kind, das in solchen Situationen nicht genügend Raum findet, um sich zu entfalten.

Zeit allein genügt natürlich nicht.

Wichtig ist auch die Vorbereitung der Umgebung für den neuen Erdenbürger bzw. die neue Erdenbürgerin.

Hier nur einige wenige Hinweise.

Eine Jungfamilienwohnung, in der das Baby bald nach Beginn des Krabbelns laufend ermahnt werden muß, nicht an die kostbare Vase oder die empfindlichen Platten des Papas zu fassen, was es dann selbstverständlich doch tut, ist *mega-out*.

Zur vorbereiteten Umgebung zu Hause gehört, daß das Kind in den ersten Jahren alles, aber auch alles, was in seiner Reichweite ist, anfassen, in die Hand nehmen, schmecken, riechen, ausprobieren, fallen lassen kann.

Daß die Kindermöbel heute Kindergröße haben, ist selbstverständlich. Aber kaum jemand weiß noch, daß Maria Montessori auch hierfür einen langen und zähen Kampf führen mußte, ehe dies Allgemeingut wurde.

Weniger verbreitet ist hingegen, daß es für den kindlichen Nachahmungstrieb gut und nützlich ist, den Kindern auch kindgerechte Werkzeuge und Geschirr – zum Nachahmen und parallelen Mitmachen bei Tätigkeiten in Hobbykeller oder Küche – zur Verfügung zu stellen.

Materialien selber machen

Einiges von dem, was wir hier an zu Material gewordenen Ideen der Maria Montessori vorgestellt haben, können Sie selber nachbauen, wenn Sie das nötige Geschick dazu haben.

184   Als Beispiele nennen wir den Knopfrahmen (s. S. 145) oder die

Schlössertablett: Stundenlang können sich die Kinder mit Schlössern und Schlüsseln beschäftigen. Kein «Original» von Maria Montessori, aber im Sinn und im Gebrauch durch die Kinder, als wäre es von ihr. Hirn und Hand entwickeln sich im Einklang durch dieses feinmotorische Tun und die gleichzeitige Betätigung der verschiedenen Sinne.

Geräuschdosen. Jene, die wir auf dem Foto S. 137 zeigen, sind auch selbstgemacht. Als Behältnisse dafür haben leere Tablettendosen gedient. Wer die jeweiligen Texte genau studiert, kann eine ganze Reihe von Materialien für den Hausgebrauch selbst nachbauen.

Eine neue Erfindung im Sinne Montessoris ist das Schlössertablett, das Sie auf dem Foto oben sehen. Von den verschiedenen Vorhängeschlössern und den dazu passenden Schlüsseln gehen – wie sich in der Praxis des Kinderhauses zeigt – starke stumme Aufforderungen auf, es zu probieren. Immer wieder fangen die Kinder an, zu öffnen und zu schließen.

Eine neue Erfindung im Sinne Montessoris ist ebenfalls das Magnetentablett (s. S. 186). Beachten Sie beim Betrachten des Bildes die neben dem Tablett liegende Nagelbürste, die offensichtlich aus Plastik besteht. Für das Probieren und Hantieren mit den Magneten ist auch das Angebot von Gegenständen sinnvoll, die sich durch Magneten gar nicht rühren lassen. Auch von diesem Angebot gehen starke Aufforderungen aus, die die Kinder zu langem Hantieren mit den Dingen und den damit verbundenen eigenen Erfahrungen bringen.

Magnetentablett: Nach den Prinzipien von Maria Montessori erfunden, ermöglicht es Kindern, Erfahrungen mit einem Phänomen unserer Umwelt zu machen, das im Alltag nicht immer ganz einfach sichtbar gemacht werden kann. Im Kinderhaus geht von den Magneten eine starke Anziehungskraft nicht nur auf die Metalldinge aus, auch die Kinder werden von der Möglichkeit des Probierens und Hantierens stark angezogen. So leben die Ideen und Erfindungen im Geist neuer «Montessorianer» fort, die Kinder genauso ernst und wahrnehmen, wie Maria Montessori das getan hat, und in den Dingen das entdecken, was sie für die Kinder, ihr Forschen und Tun so wertvoll macht.

Als letztes sei noch auf die selbstgemachten Tasttäfelchen verwiesen, bei denen die Kinder die Paare heraussuchen, die die gleiche Körnung haben.

Schlußwort

Die Aufgabe ist – wie beschrieben – groß und großartig.
Wir alle sind dafür denkbar schlecht gerüstet.
Fehler werden darum unvermeidlich sein.
Sie sind nie ein Grund zum Verzagen, zur Resignation oder zu Selbstzweifeln oder gar Selbstvorwürfen.
186   Der Fehler ist immer ein Beweis dafür, daß wir uns bemüht haben.

Selbstgemachte Tasttäfelchen: Es gilt, verschiedene Körnungen zu ertasten und die zusammengehörenden Paare zusammenzubringen. Sehr einfach nachzubauen. Man benötigt lediglich verschiedene Sandpapiere und geeignete Holzbrettchen.

Wer kennt nicht den Spruch «Wer viel macht, macht viele Fehler. Wer wenig macht, macht wenig Fehler. Wer nichts macht, macht keine Fehler.»

Schauen wir uns die Kinder an. Sie lassen sich von Fehlern bzw. vom «Scheitern», wenn z. B. der Turm wieder umfällt – nicht davon abhalten, es immer wieder neu zu versuchen.

Machen wir es ihnen nach. Sie haben es verdient.

Literatur

Böhm, Winfried (Hrsg.): Maria Montessori. Texte und Diskussion, Klinkhardt, Bad Heilbrunn 1978

Dessai, Elisabeth: Kinderfreundliche Erziehung in der Stadtwohnung, Fischer Taschenbuch Verlag, Frankfurt/Main 1975

Dreikurs, Rudolf, Grey, Loren: Kinder lernen aus den Folgen, Herder, Freiburg 1973

Esser, Barbara, Wilde, Christiane: Montessori-Schulen, Rowohlt Taschenbuch Verlag, Reinbek 1989

Fuchs, Birgitta, Harth-Peter, Waltraud (Hrsg.): Montessori-Pädagogik und die Erziehungsprobleme der Gegenwart, Königshausen & Neumann, Würzburg 1989

Funkkolleg Pädagogische Psychologie: Heinz Heckhausen und Hellgard Rauh, Studienbegleitbrief 3, Beltz Verlag, Weinheim und Basel 1972

Geßlein, Ingrid u. a.: Das Mathematikmaterial. Verlag für Montessori-Materialien, Marktbreit o. J.

Geßlein, Ingrid u. a.: Das Sinnesmaterial. Verlag für Montessori-Materialien, Marktbreit o. J.

Geßlein, Ingrid u. a.: Das Sprachmaterial. Verlag für Montessori-Materialien, Marktbreit o. J.

Geßlein, Ingrid u. a.: Das Tägliche Leben. Verlag für Montessori-Materialien, Marktbreit o. J.

Grimm, Gunhild / Bodenburg, Inga: So werden Kinder sauber. Rowohlt Taschenbuch Verlag, Reinbek 1985, 26.–28. Tausend 1997

Hainstock, Elisabeth: Montessori zu Hause. Die Vorschuljahre, Hyperion, Freiburg 1971

Hechinger, Fred M.: Vorschulerziehung als Förderung benachteiligter Kinder, Klett, Stuttgart 1970

Heiland, Helmut: Maria Montessori mit Selbstzeugnissen und Bilddokumenten, Rowohlt Taschenbuch Verlag, Reinbek 1991

Katalog der Firma Nienhuis Montessori, Zelhem/Niederlande 1996

Kramer, Rita: Maria Montessori, Fischer Taschenbuch Verlag, Frankfurt/Main 1995

Mager, Robert F.: Motivation und Lernerfolg, Beltz, Weinheim 1970

Mager, Robert F.: Verhalten, Lernen, Umwelt, Beltz, Weinheim 1972

Montessori, Maria: Das kreative Kind. Der absorbierende Geist, hrsg. v. Paul Oswald, Günter Schulz-Benesch, Herder, Freiburg, 11. Aufl. 1996

Montessori, Maria: Dem Leben helfen, hrsg. u. eingel. v. Günter Schulz-Benesch, Herder, Freiburg 1992

Montessori, Maria: Die Entdeckung des Kindes, hrsg. u. eingel. v. Paul Oswald und Günter Schulz-Benesch, Herder, Freiburg, 13. Aufl. 1997

Montessori, Maria: Die Macht der Schwachen, eingel. u. hrsg. v. Paul Oswald und Günter Schulz-Benesch, Herder, Freiburg 1989

Montessori, Maria: Erziehung zum Menschen – Montessori-Pädagogik heute, Fischer Taschenbuch Verlag, Frankfurt/Main 11. Aufl. 1996

Montessori, Maria: Gott und das Kind. Grundgedanken: Gott und das Kind. Religiöse Erziehung: Buchauszüge und Kursusvorträge. Unbekannte Texte aus dem Nachlaß, hrsg. u. eingel. v. Günter Schulz-Benesch, Herder, Freiburg 1995

Montessori, Maria: Grundgedanken der Montessori-Pädagogik, zusammengestellt von Paul Oswald und Günter Schulz-Benesch, Herder, Freiburg, 15. Aufl. 1997

Montessori, Maria: Grundlagen meiner Pädagogik und weitere Aufsätze zur Anthropologie und Didaktik, bes. u. eingel. v. Michael Berthold, Quelle & Meyer, Heidelberg–Wiesbaden, 8. Aufl. 1996

Montessori, Maria: Kinder lernen schöpferisch. Die Grundgedanken für den Erziehungsalltag mit Kleinkindern, hrsg. u. erklärt v. Ingeborg Becker-Textor, Herder, Freiburg, 5. Aufl. 1996

Montessori, Maria: Kinder sind anders. Il Segreto dell'Infanzia, Ullstein, Frankfurt–Main–Berlin–Wien 1980

Montessori, Maria: Kosmische Erziehung, hrsg. u. eingel. v. Paul Oswald und Günter Schulz-Benesch, Herder, Freiburg, 2. Aufl. 1996

Montessori, Maria: Psychoarithmetik. Psico Aritmética – Die Arithmetik dargestellt unter Berücksichtigung kinderpsychologischer Erfahrungen während 25 Jahren, Vorw. v. Giuliana Sorge, Harold Baumann, hrsg. v. Harold Baumann, paeda media, Thalwil 1989

Literatur

Montessori, Maria: Schule des Kindes – Montessori-Erziehung in der Grundschule, hrsg. u. eingel. v. Paul Oswald, Günter Schulz-Benesch, Herder, Freiburg, 6. Aufl. 1997

Montessori, Renilde, Schneider-Henn, Karin: Uns drückt keine Schulbank. Montessori-Erziehung im Bild, Klett-Cotta, Stuttgart 1983

Piaget, Jean, Inhelder, Bärbel: Die Psychologie des Kindes, Fischer Taschenbuch Verlag, Frankfurt / Main 1977

Piaget, Jean: Theorien und Methoden der modernen Erziehung, Fischer Taschenbuch Verlag, Frankfurt / Main 1974

Piaget, Jean: Gesammelte Werke, Band 1 – 10, Studienausgabe, Klett Verlag, Stuttgart 1975

Radigk, Werner: Andi entwickelt psychische Grundleistungen, Scriptor, Königstein / Ts. 1982

Radigk, Werner: Andi erlernt das Lernen, Scriptor, Königstein / Ts. 1982

Radigk, Werner: Andi erlernt das Lesen, Scriptor, Königstein / Ts. 1982

Radigk, Werner: Wie Andi das Sprechen lernt, Scriptor, Königstein / Ts. 1982

Schulz-Benesch, Günter: Montessori, Wissenschaftliche Buchgesellschaft, Darmstadt 1980

Sennlaub, Gerhard: Spaß beim Schreiben oder Aufsatzerziehung? Kohlhammer, Stuttgart, Berlin, Köln, Mainz 1980

Speichert, Horst: Richtig üben macht den Meister, Rowohlt Taschenbuch Verlag, Reinbek 1985

Standing, E. M.: Maria Montessori. Leben und Werk, hrsg. v. Paul Scheid, Finken, Oberursel o. J.

Stendler-Lavatelli, Celia: Früherziehung nach Piaget, Reinhardt, München 1976

Vester, Frederic: Denken, Lernen, Vergessen (23. neu überarbeitete Auflage), dtv, München 1996

Wild, Rebeca: Erziehung zum Sein, Arbor Verlag Ulrich Valentin, Freiamt, 4. Aufl. 1990

Wild, Rebeca: Sein zum Erziehen, Arbor Verlag Ulrich Valentin, Freiamt 1991

Wild, Rebeca: Freiheit und Grenzen – Liebe und Respekt, Arbor Verlag Ulrich Valentin, Freiamt 1998

Die Autoren

Helga Biebricher, Jg. 1937, arbeitete zwanzig Jahre als Erzieherin und Leiterin einer Kindertagesstätte nach der Montessori-Methode.

Horst Speichert, Jg. 1941, Dr. phil., Pädagoge, Autor, Mitherausgeber der Reihe «Mit Kindern leben», setzt sich seit den sechziger Jahren als Publizist für eine Verbesserung der Bedingungen ein, unter denen Kinder in diesem Land aufwachsen.